for Simple Life

人気インスタグラマー&ブロガー21人の心地よい暮らしのつくり方

すっきり暮らすために
持たないもの、やめたこと

SHUFUNOTOMOSHA

Contents

CHAPTER 01

持たないもの、やめたこと8styles

Contents

CHAPTER 02

持たないもの、やめたことアイデア集

CHAPTER 03

ものの持ち方、すっきり家事&習慣

Contents

CHAPTER 04

家をすっきり見せるアイデア集

CHAPTER

01

持たないもの、やめたこと
8 styles

Master of Mvinimalist

01 / 08

DAHLIA★さん

家族：夫　住まい：賃貸マンション　仕事：自営業

【blog】 **シンプルライフ×シンプルスタイル** http://シンプルライフ.jp.net
【Instagram】 **dahlia.dahli** https://www.instagram.com/ dahlia.dahli /

空間をもので満たす生活は 終わりにしたいと片づけを始めました

東日本大震災を境に、物欲やものへの執着を手放しました。ものではなく経験することに時間とお金をかけ、自信をつけ、ものに頼らなくてもいい自分になりたかったのです。昔は洋服が好き、買い物が好きでしたが、今は数を制限することですっきり。ものを管理できるようになりつつあります。

▶ ものの処分、こだわりは？

いらないと感じたら即、捨てます。特に洋服は、定期的に処分しています。毛羽立ち、毛玉、色あせがあるもの、1年以上着ていないものはすべて捨てます。また自分で洗えずクリーニングが必要な夏服は自然と手が伸びなくなり、手放すようになりました。

▶ あなたにとって、ものとは？

ものに執着していたころは、足りないものや自分の自信のなさをカバーしてくれる存在でした。特に洋服やファッションアイテムは、鎧のような存在でした。ものに振り回されなくなった今は、生活を豊かに、快適にしてくれるものとなっています。

やめたもの

フッ素樹脂加工のフライパン、やめました

フッ素樹脂加工のフライパンは、コーティングが焦げつき出すとストレス連発。死ぬまでにあと何回買い替えなければならないの?と思い、手放すことに。お手入れすればずっと使える鉄製フライパンに替えました。FD STYLEのものは、はじめの焼き込みが不要で油ならしするだけで手軽。スタイリッシュなデザインも決め手でした。

持たないもの

食器洗剤とスポンジはなるべく使わないように

油がついていない食器は水洗いだけですませています。食器用洗剤の量も減りましたが、びわこふきんを使い始めてからは、ほぼ洗剤不要に。想像以上に油がすっきり落ちます。特に油汚れがひどい食器は新聞紙で油を拭きとり、熱湯をかけて重曹をふりかけてからびわこふきんで洗うと落ちます。食器拭きには和太布を使っています。

我が家では、食器用洗剤は「持っていなくても困らないもの」に。これでめざすエコライフに一歩近づきました。

月に数回、キッチンに立つ夫。「食器をどう洗っていいかわからない」と言われたため、夫のために洗剤とスポンジも設置しています。家族がキッチンを使うことも頭の片隅に入れて、共有空間は家族も過ごしやすいものに調整。

水きりかごも、下に敷くふきんも不要です

水きりかごを捨てて3年半。当初は水きりしやすいようふきんを敷いたりもしましたが、その手間がいやになり、水きりしないと決めました。洗った皿はどんどんシンク台の上へ置き重ねます。中に水がたまりますが、シャッと捨ててふきんで拭いていくだけです。食器を立てかけたりひっくり返す手間が省け、家事の時短になっています。

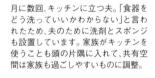

持たないもの

キッチンのゴミ箱をなくし、紙袋で代用

キッチンのゴミ箱はシンプルで、ゴミ袋の容量がぴったり入るサイズを使っていました。でもスペースをとる割には満足できるほどの働きぶりが見えず、ゴミ箱自体の掃除も面倒に。そこで買い物でもらった紙袋を再利用してゴミ箱にしています。状態を見て再利用したり、そのまま捨てたりもできて便利です。来客時は扉の中に隠します。

調味料を常温保存にしたら冷蔵庫がすっきり

自家製のしょうゆ麹や塩麹はたくさんの量を一度に仕込むので、冷蔵庫を占領していました。そこで塩の分量を増やし、常温保存できるように。常備しているしょうがは洗ってカットしたものを乾かし、ホワイトリカーか焼酎に漬けたら常温保存ができます。生で使うときは、使う量だけ数日冷蔵保存すれば、少しはアルコール分が抜けます。

まな板はひと回り小さいものに

分厚くて大きいまな板は処分しました。重たくて洗うのが面倒になり、約29×23㎝の小さなまな板にチェンジ。薄くて軽く、引っかけられる穴もついていて便利です。天然木の繊維を合成して作られているので、食洗機でも洗えます。昔はなんでも大きいものを選びがちでしたが、ものが少ない生活をめざすうちコンパクトライフへとシフトしてきています。

持たないもの

10年使ったソファを手放しました

カバーが薄汚れ、クッションもへたり、圧迫感もあったのでついに処分。すっきりしましたが、マンションの4階から階段で下ろすのはかなり大変でした。粗大ゴミ料金も1000円かかり、今後はできるだけ同じことは繰り返したくないなと実感。空いたスペースは今のところもので埋める予定はありません。ヨガマットを1枚敷いて、体をのびのびと解放するスペースにしたいと思います。風の通り抜けを気持ちよく感じられる空間になりそうです。

Before

After

傘立ては捨てて、靴箱の中に収納

傘立ては数年前に処分。我が家の所持数は私が長傘、折りたたみ、日傘の3本、夫が長傘と折りたたみの2本です。靴箱の一部の棚を撤去し、つっぱり棒で収納しています。折りたたみ傘は、棚をのせるビスに引っかけて。使ってぬれている傘は玄関先の手すりに下げて雨水をきりますが、数日このままだとみっともないので、翌日にはしまいます。

おしゃれのコツ

仕事と休日を同じ服にしたら数が減りました

以前は仕事と休日で着る服を分けていたのですが、同じにしたらかなり数を減らすことができました。以前は休日用はカジュアル服。特別な外出用の服もあったのですが今はすっきり。買う数が減ったことで予算に余裕ができ、ずっと欲しかったアイテム、ジョンスメドレーのニットを購入することができました。スプリングコートは着用回数が少ないので手放していたのですが、春・秋・冬に着られる3シーズンコートが必要な気がして、理想の1着を今探しています。

プチプラより本物素材のバッグに愛着がわきます

ファストファッションで購入したバッグは水や汚れを気にせず使えて便利。でも愛着が全然わきませんでした。もう10年以上愛用しているのは、革とスエードのバッグ。お手入れするほど私に寄り添ってきてくれる感じがします。プチプラで旬を楽しむのもいいけれど、愛着が増し続けるアイテムを吟味していきたいなと思っています。

変えた習慣

大事に長く使うぶん、ケアに力を入れています

ものを減らし、ひとつひとつを大切に扱うようになると目がいくのは、もののメンテナンス。どんなに素敵なものを持っていても、バッグの隅の色がはげていたり、靴のかかとがすり減っているだけでその人の暮らしぶりが想像できてしまいます。新しいものを買い足す前に、愛用品のメンテナンスを優先するようになりました。

ものより、見えない部分に投資と努力をするように

年齢を重ねるにつれ、たるんできた体型を隠すために洋服を選んでいたこともありました。最近やっているのは、着やせより体幹トレーニング。インナーウエアはシルクの肌着にチェンジしました。服より中身を鍛える努力をしています。またメイクもよりナチュラルに。肌の土台を整えることにお金をかけ、メイクアップ用品は最小限にとどめています。

使いやすいのは、重いより軽いもの

いくらデザインが好きでも、重たすぎると使いづらくなります。歩きまわるのに手荷物が重いと、アクティブに動きたくても疲労が。以前ほどパワーが出なくなってきたと感じるようになりました。外出時の手荷物やバッグは軽いことが前提です。

鍋など重たいものが多いキッチンまわりの道具も、買い替えるときはできるだけ軽いものにシフトしていく予定です。

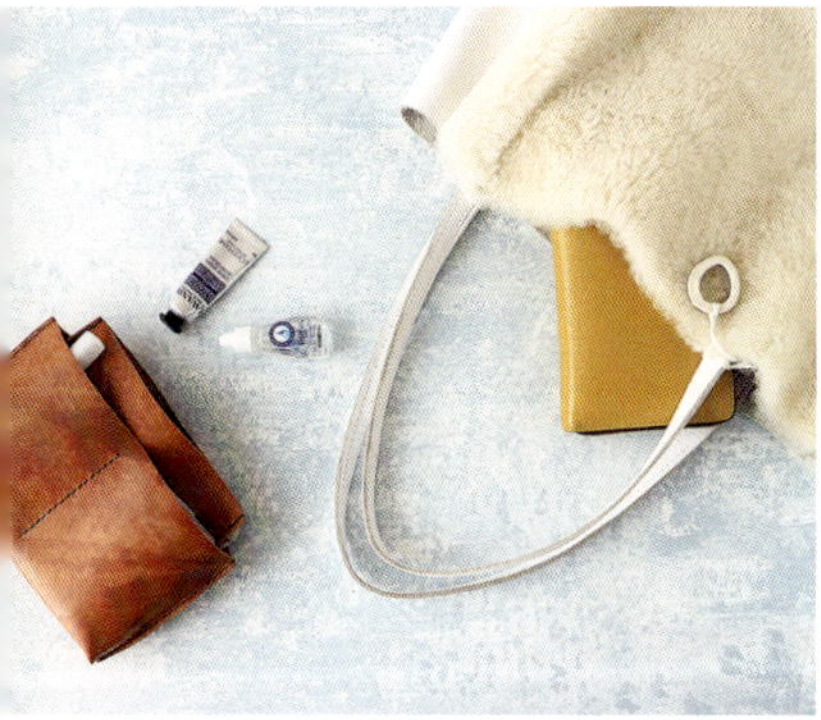

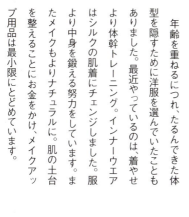

残すもの

気持ちよく使いたいタオルは多めに用意

タオルへのこだわり、それは多めに所有すること。ふたりでフェイスタオル20枚、バスタオル2枚を持っています。タオルで最もストレスを感じるのは、湿ったタオルを使うこと。キッチンや洗面台は1日2度交換し、パリッとした状態で使うのが心地いいです。以前バスタオルをやめフェイスタオルで体を拭いてみたら、すぐ湿ってしまいとても不快。それから無理に減らさないと決めました。家じゅうのタオルはすべて同じものを。長すぎず、ほどよく厚みのあるものにしています。

使い古したタオルは、主に掃除用の雑巾として使っています。3等分にカットするとコンパクトになるので、細かい部分も掃除がしやすくなります。タオルの全面を使いきれるので、ムダがありません。真っ黒になったらゴミ箱へ。

ハンドブレンダーは今の暮らしに必要でした

母から譲り受けたハンドブレンダーは使いこなせず、数年前に手放したのですが、暮らしや価値観が変化して今必要になり購入しました。ドレッシングやマヨネーズ、ポタージュ、保存食作りに使っています。チョッパーもついているので野菜や肉のみじん切りも。一度手放したからこそ、価値を再確認できたアイテムです。

捨てずに活用

空き箱に花を詰めてギフトボックスに

色や形が好みのシンプルな空き箱は、捨てられないものも。そこに花やグリーンを詰めて、ギフトにしています。こうすれば喜んでもらえるし、ムダにもなりません。防水のため箱の底にセロハンを敷き詰め、箱の半分くらいの高さの吸水スポンジをセット。差し上げた方が気を遣わないよう、箱は小さめのものを選ぶことが多いです。

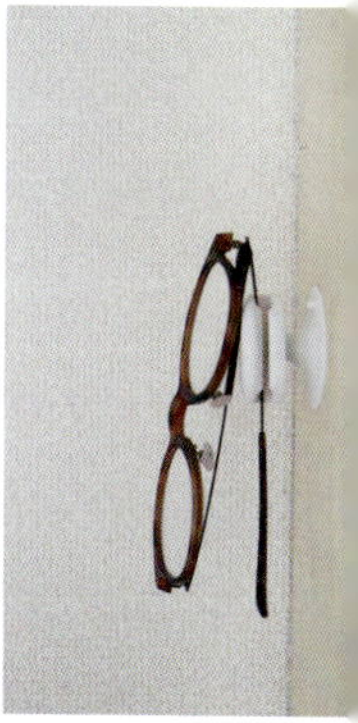

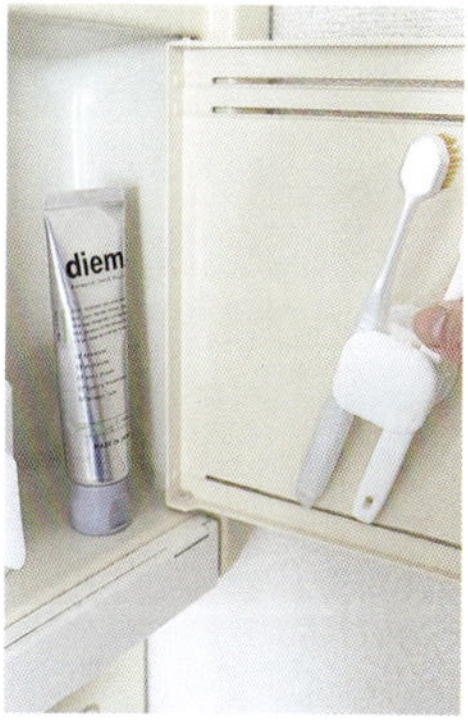

不用になった歯ブラシラックはメガネかけに

吸盤式のシンプルな歯ブラシラック。受け皿がないので汚れも最小限だと思って使っていましたが、とるときにスタンドがななめに伸びてしまいます。使うたびに手で押さえなければならないため、不便を感じてやめました。そこで洗面台の側面に吸盤をはりつけ夫のめがねスタンドに。使い方を変えて残せるものは使っています。

たまった保冷剤は消臭剤として再利用

冷凍庫にたまりやすい保冷剤は一定数を超えると捨てていましたが、消臭剤として使えることを知りました。材料に吸水性ポリマーが使われている保冷剤（常温に戻すとやわらかくなるもの）を、空き瓶に入れるだけ。においの気になる場所に置いています。プラスでエッセンシャルオイルをたらし、芳香剤としても使うこともあります。

Master of Mvinimalist

02 / 08

mayukoさん

家族：夫、双子の娘(7歳)　住まい：分譲マンション　仕事：フルタイム

【blog】 **丁寧な暮らしのルール** http://teineilife.blog.jp
【Instagram】 **mayuko_may1st** https://www.instagram.com/ mayuko_may1st /

心地いい状態を自覚してから、暮らし全体がすっきりしました

シンプルに暮らすようになったのは、子どもが生まれ、自分の趣味や意思にそぐわない子どものものが頻繁に家に入ってくるようになったのがきっかけ。自分が心地いいと感じるものと状態を自覚してからは、もの選びだけでなく収納や掃除方法を含めて暮らし全体がすっきりシンプルになりました。

▶ ものの処分、こだわりは？

「これは消耗品。ワンシーズンで手放す」とか「これはメンテナンスして使う」など、捨てることは購入するときから考えています。残すものは子どもの絵や手紙がメインですが、そういうものを捨てるときは成長記録として写真を撮ってコメントをつけてから処分します。

▶ あなたにとって、ものとは？

生活を豊かにしてくれるもの。美しく、触れたり見たりするだけで気持ちが浄化されるものも、便利で料理や掃除などの日常を効率よくしてくれるという傾向が強く出ると、「なぜそうなったのだろう？」と自分の今の気持ちの状態を省みるきっかけにもなります。

すっきり見せるコツ

ものでなく空間全体を見て考えます

以前は素敵だと思うものをただ購入していました。でも部屋に置いてみるとなんだかしっくりこない……。その経験から、今は家を統一感のあるひとつの空間としてとらえ、全体をイメージして買うようにしています。例えばグレーの壁の前に置くなら寒色系のもの。白いブリック壁の前ならガラスより木やアイアン素材を選びます。

持たないもの

炊飯器はやめました。羽釜でご飯を炊いています

結婚当初は夜に炭水化物をほとんどとらないライフスタイル。必要なときはルクルーゼで炊飯していたため、電気炊飯器は必要ありませんでした。思いきって手放して10年。今は子どもが生まれ、毎日羽釜でご飯を炊いています。あまったらおひつに入れて冷蔵庫へ。電子レンジOKのおひつなので、翌日くらいまでは温めておいしいご飯が食べられます。手放すときは炊飯器のない日本の家庭なんて、と不安もありましたが、これで十分やっていけています。

ドレッシングは買わず、手作りと決めています

かつては冷蔵庫に市販ドレッシングが数種類入っていました。でもどれも途中で飽きてしまい、賞味期限切れになることも。あるときオリーブオイルと塩、こしょう、レモンだけで野菜を食べてみたらとてもおいしくて。それ以来ドレッシングは手作りと決めています。これをベースに、玉ねぎのすりおろしや練りごまなどを加えてアレンジを楽しんでいます。

すっきり見せるコツ

部屋ごとにテーマを決めインテリアを楽しみます

空間にはテーマを持たせるようにしています。子どもスペースはグレー＆パープル、トイレはモノトーン＆シャープ、寝室はグレー＆ピンクでフレンチシックに。家具やカーテン、壁紙などをこのテーマカラーでそろえると、だいたいのトーンができあがります。そして小物や日用品は、このトーンになじむかどうかで選びます。

我が家の家全体の大テーマは「シンプルシックでクラシカル」。各部屋のテーマが大テーマから逸れないことで、全体の統一感を出せるようになりました。テーマからずれるものは買わないので、家の印象がすっきりまとまっていると思います。

気になってきたら中身を全部出します

整理できているつもりでも、日々暮らしていれば生活の実態に合わないものが出てきたり、ものがあふれてきたりとひずみは必ず出てきます。モヤっとしてきたら、私はその場所に入っているものを全部出すことにしています。意識は「引っ越しするつもりで出し、引っ越してきたつもりで全部入れ直す」。すべて見渡すことで、効率的に取捨選択できます。

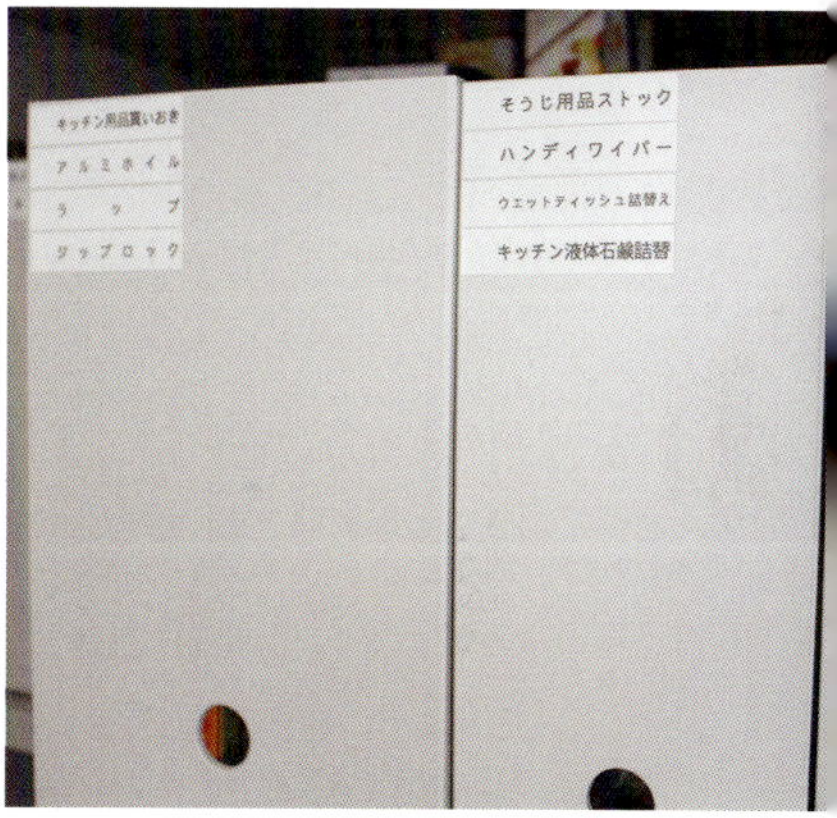

四角く収納すればすっきり収まります

もののかたちは棒状、円柱型、薄いものなどさまざま。対してそれを受け止める収納場所はほとんど四角です。そのまま放り込めば当然おさまりが悪く、出し入れもしにくくなります。なので、我が家では書類や文房具、マグやグラスなどはまず四角いかたちにしてから収納場所におさめることを心がけています。その四角もなるべく同じかたちにそろえると、隙間なく並べられてすっきり。

すっきり見せるコツ

出しっぱなしにするなら、絵になるものを選びます

機能性を重視して作られた家電は便利ですが、空間に生活感をあふれさせます。電子レンジ&オーブン、食洗機はビルトインで目につかないようにしているのですが、あえて出すことにしている家電もあります。キッチン背面カウンターの上にはコーヒー関係のものを。ケメックスのコーヒーメーカー、デロンギのコーヒーマシンとラッセルホブスの電気ケトル。頻繁に使うものなので、出しっぱなしを前提にデザイン性も重視して選びました。

インテリアとしてとらえられないことが多い、普段使いのキッチンツール。でもこうした雑多なものも含めてその家の世界観になると考え、インテリアの邪魔をしないカラーやデザインのものを選ぶようになりました。ボールペンやはさみなども同様です。

タオルは面積がそれなりに大きく、人の目に触れるもの。我が家ではタオルもインテリアだと考えています。何色のタオルがかかっているかによって空間の印象を大きく変えてしまうため、家のインテリアになじむ白・グレー・ベージュに限定。

機能優先の家電は扉の中へ

部屋に置くものはすべて見た目にもこだわって選びたいですが、掃除・料理関係の家電やパソコンなどはどうしても見た目より機能で選ばざるを得なくなります。こうしたものは扉の中におさめ、扉を閉めれば目につかないようにしています。リフォームの際、掃除家電をしまう扉の中にも電源を引き、置いたまま充電できるようにしました。

おしゃれのコツ

服はなるべく吊るし収納に

服は基本的に吊るし収納にしています。何よりのメリットはたたむより出し入れが圧倒的にスピーディなこと。何がどこにあるかひと目でわかるので、洋服選びもラクです。たたみじわもつきません。毎日のことだから手間がかからず、ラクなのが一番です。

ハンガーは、薄くて滑り落ちないマワハンガーで統一。なだらかな曲線になっているので、オフショルダーでも服がずり落ちずニットなどの肩が出てしまうこともありません。薄いので収納量もアップ。

シューズクローゼットにはその時期使うものだけを収納するので、オフシーズンの靴はすべてそろいの箱に入れてクローゼットの上段に重ねて管理。すべて並べて置いたとき大きさや色が統一された箱のほうがすっきり見えるから、白いボックスをまとめて購入しました。そのため靴屋さんでは持ち帰り用の箱は不要とお断りしています。

洋服や靴を買うときの基準はトレンド:ベーシックが2:8くらいで、きちんと手入れしながら長く大切に使っていきたいと思っています。ブーツやサンダルは靴底のラバーを張り替えたり、ヒールを整えたりとメンテナンスを怠りません。インテリアもファッションアイテムも、長い時間をかけて自分らしい世界が作られていくのが好きです。

絵本やおもちゃは子どもと一緒に整理

子どもたちのものは、必ず本人たちに整理させるようにしています。整理のタイミングは、収納場所があふれてきたときや学期や年度の変わり目。子どもたちがステップアップを自覚している時期でもあるので、「もうすぐ1年生になるから、赤ちゃんっぽいおもちゃにはさよならしよう」というふうに取捨選択の基準を明確にすることができます。「よく使う／使っていない」「赤ちゃんっぽい／お姉さんらしい」などの軸で部屋を区切り、自分たちで分類。親が一方的に片づけるのではなく、一緒にすることで子どもの価値観や大切にしたいことが理解できると思っています。

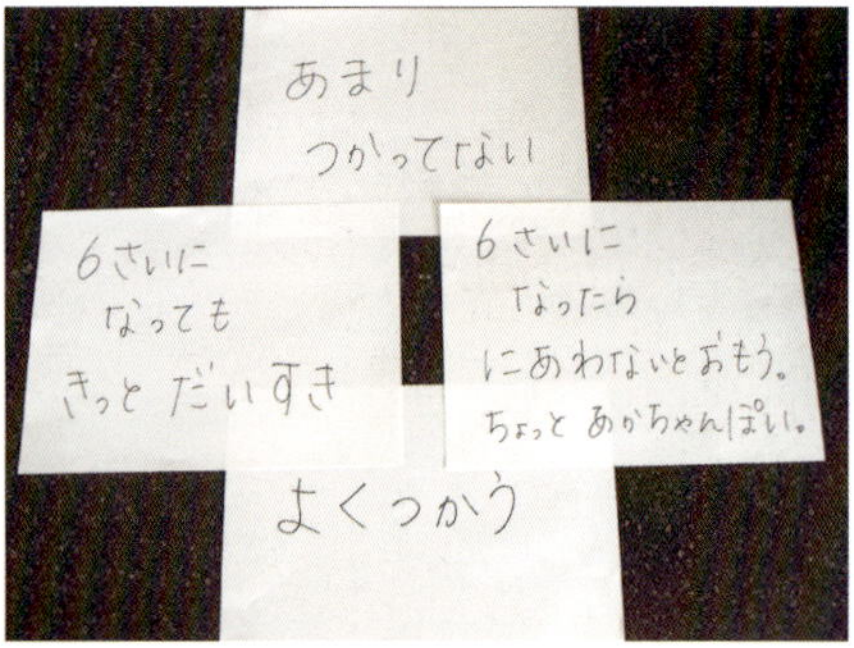

ベーシックカラーのシンプルな服や小物を選んでほしくても、娘たちはキャラクターものやフリルたっぷりのものを着たがります。無理やり希望を封じ込めるのはよくないと思い、学校や学童に持参するタオルやパジャマは好みを尊重。

子どもの服のサイズアウトは、朝着替えさせようとしたときに発覚することが多いもの。そこでクローゼットには常に紙袋を置き、気づいたらその場でここに入れるようにしています。中身がいっぱいになったら、袋ごと友人へ譲ります。

手放せないもの

ベビーウエアはもはや服ではなく宝物に

子どもを授かるまで苦労した私にとって、3歳くらいまでのベビー服は特別な存在。もう二度と戻ってこない貴重な時期の大切な思い出でもあります。全部とっておきたい気持ちをがまんして、1年に春夏と秋冬で各2枚まで。きれいに洗濯してからたたんで箱に入れて保管しています。もうこれは「服」という役割でなく、大切な宝物。クローゼットから保管場所も変えました。いつか子どもたちがお嫁に行くときに、それぞれひと箱ずつ渡そうと思っています。

捨てる決断ができない服には付箋を貼ります

もう着ていなくても、思い出が宿っている服は、捨てる決断ができないこともあります。できないからといってしまいこめば、次の洋服整理でも即決できずまたしまいこむ、その繰り返しに。私はそんな服に「今年着ていない。来年どうするか考える」と書いた付箋を貼って保管しています。そうすることで「なんとなく手放せない服」から「じっくり考える対象の服」に変化。1年間たまに思い出しては考え、翌年には手放すかどうか決断できていることが多い気がします。

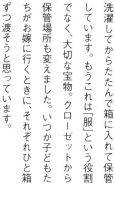

Master of Mvinimalist

03 / 08

ゆうこさん

家族：夫、息子（20歳、13歳）　住まい：分譲マンション　仕事：パート（週4回）

【 Instagram 】 **yk.apari** https://www.instagram.com/yk.apari/

ムダなものをなくしたら快適に暮らせるようになりました

仕事と育児で家事がおろそかになり、ストレスで常にイライラしていたころ。ふと家を見渡すと、いらないものばかりに囲まれていることに気づきました。そんな状況から抜け出したい、自分を変えたい！と思い不用品を手放すように。ものへの執着心をなくしたら、いろいろなものを潔く手放せるようになりました。

▶ ものの処分、こだわりは？

何年も使っていない、これから先使わない、買い替えたいと思っている、使い心地が悪い、あると便利だけどなくても大丈夫。そんなものたちはすべて捨てました。必要なものは変わっていくので、定期的に見直し、捨てたり買ったり買い替えたりしています。

▶ あなたにとって、ものとは？

暮らしを形成するのに必要です。だけど、多くはいりません。必要最小限、最低限のものだけで十分豊かで快適な暮らしができると思っています。妥協して買うと失敗するので、ときめきと使い心地が選ぶ基準。お気に入りのものだけに囲まれて暮らしたいです。

持たないもの

片づけは継続することで楽しくなります

ムダをなくして快適に暮らしたい、がポリシーです。そのために大事なのは途中であきらめないこと。継続していくと家がだんだんすっきりし、片づけが楽しくなりました。あれもいらない、これもいらない、とどんどん手放し、我が家にはあまり家具がありません。SNSにその過程をアップすることも、やる気アップになりました。

世間体を気にしない。我が家に布団はいりません

布団の存在がストレスでした。家族みんなアレルギー体質なのでダニやホコリが気になるし、外に布団を気軽に干せないため、思いきって処分。まず掛け布団を捨て、かわりに薄手の毛布を重ねて調節しています。綿と化繊なので洗えるし、布団カバーもいりません。続いて敷布団も処分し、私は無印良品のソファベンチ、夫はムアツマットレス、子どもたちは無印良品のベッドです。ムアツマットレスは天日干し不要の抗菌防臭防ダニ仕様。立てて除湿しています。

狭いキッチンはゴミ箱をなくしてすっきり

キッチンではシンクに無印良品のステンレス扉につけるフックをつけ、レジ袋を引っかけてゴミ箱がわりにしています。以前はここに空き缶を捨てていましたが、燃えるゴミもこのやり方にしたらゴミ箱が手放せる、と思ったのがきっかけ。狭いキッチンでは、ゴミ箱が幅をとっていました。ゴミ箱を処分したらそれ自体の掃除もしなくてすむように。

持たないもの

冬限定のブーツを持つのはやめました

ブーツは持っていません。ロングブーツはかなり前に手放しました。1足だけ、お気に入りのショートブーツを残していましたが、よく見るとうっすらカビが。仕方なく捨てたはずなのに、気持ちはとてもすっきり。それは愛着でなく執着だったんだと手放してから気づきました。ものと一緒に執着心も手放してすっきりです。ブーツは今後も買う予定はありません。レペットのバレエシューズやシンプルなスニーカー。お気に入りの靴が数足あれば満足です。

After

Before

ブーツや不用な靴をたくさん手放したので、大きな靴箱はいらなくなりました。小さい棚に替えて、玄関がこんなにすっきり。北側で暗いのが悩みだったのですが、靴箱を小さくしたら明るくなってとてもうれしいです。

アイロンは旅行用の小さいものにチェンジ

アイロンとアイロン台は、なくすことはできないけれどあまり使わないものです。そこで、無印良品のトラベル用アイロンとたためるアイロンマットに替えました。テープカッターもミニサイズに。でも小さくして失敗したものも。財布やはさみなど毎日使うものは大きいままです。なんでも無理に小さくせず、使いやすさを重視しています。

料理の計量には食器を使っています

ボウル、計量カップ、計量スプーンは持っていません。必要なときは目安として食器を使っています。アラビアのトゥオキオは約１０００㎖で、ボウルも兼ねて。無印良品の蕎麦猪口《そばちょこ》は約２００㎖で計量カップがわりに。正確に計量しなければならないお菓子作り以外は、まったく困りません。ざるも大きいものをひとつだけ。小と中は手放しました。

花瓶にはＷＥＣＫの瓶やグラスを使っています。専用のものはなるべく持たないようにしています。

よかったこと

ものが減ったら収納用品が不用に

いらないものを手放すと、家にスペースが生まれます。そして収納ボックスは不用品に。以前スチールラックを処分したら、「欲しかった」という友人がいたので、傷みや汚れが少ないものは友人に聞いて譲っています。また私の服やバッグ、大型おもちゃでいっぱいだった物置き部屋も、今では空っぽになりました。

玄関を入ってすぐの洋室が、かつての物置き部屋。今思えば、ここに置いているものはなくても困らないものがほとんどでした。何もない部屋に入ると気持ちがすっきりして気分が上がります。掃除もラクで、快適です。

すっきり見せるコツ

収納ケースは同じメーカーで統一

収納家具をすべて手放したかわりに増やしたのは、押入れの収納ケースです。同じメーカーのものでそろえることで、すっきり使いやすくなりました。上にはまだゆとりがあるけれど、ケースの数はこれ以上増やしません。ここには趣味で集めているＤＶＤも置いていますが、２ケースぶんまでと上限を決めています。

よかったこと

いつでも人を呼べる家になりました

ものを減らしたら気持ちに余裕ができ、自分時間が増えました。急な来客にもあわてません。持ちものが少ないとすぐに片づくし掃除がラクです。以前は、来客がある日は大変でした。でも今はあっという間に家の中が整います。今まで特別だったことが日常に、そして毎日が特別な日になりました。

家事、特に苦手な掃除もずいぶんラクに。場所をとる床拭きロボット購入や、洗う手間のかかるモップをやめ……。掃除道具を減らしたら、前より掃除が好きになりました。

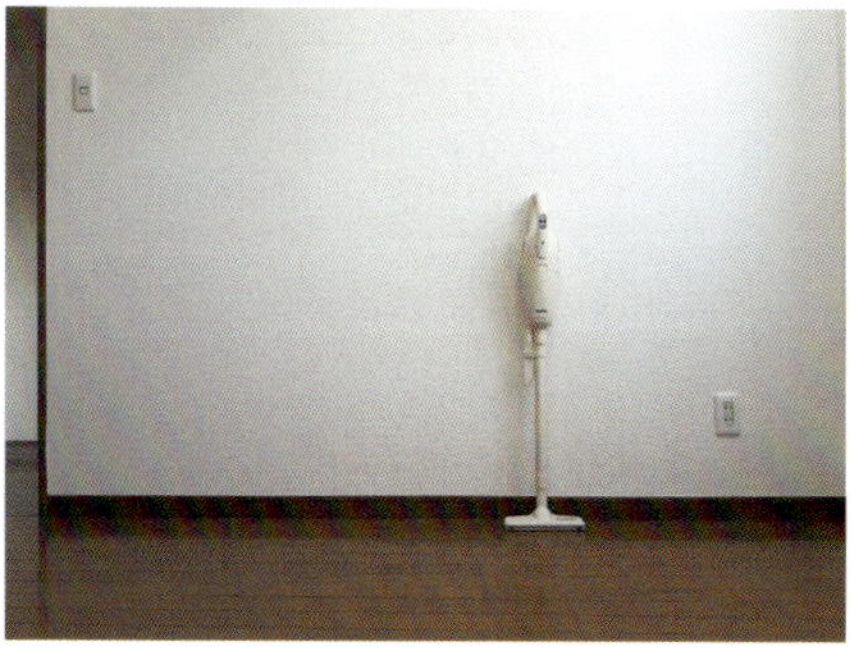

ポリシー

家族のものは勝手に処分しないよう注意

ここは次男の部屋。長男のお下がり学習机は手放したのでありません。まったく使っておらず、ダイニングテーブルで勉強するからと次男が処分を決めました。家族のものは勝手に処分しません。捨てていいか、確認してから手放すようにしています。本棚もないので、教科書はキャスターつき木箱に収納しています。

ポリシー

テーブルと床は常にものがない状態で

すっきり暮らすために、ものを置きっぱなしにしないよう心がけています。テーブルに置きがちなティッシュは壁にかけ、テレビのリモコンはテレビ台に。毎日実践することで整った部屋を維持しています。ササッとイスを卓上へ。テーブルの下の掃除もラクです。脚のクッションシールにつく髪の毛やホコリもすぐにとれます。

1日1捨て以上を心がけています

1日1捨てするだけでは、片づけは永久に終わらないと考えています。1日にたくさんのものを手放し、最近ようやく理想に近づいてきました。必要最小限のもので暮らしていても、片づけを長い間続けていても、毎日捨てるものが出てきます。少しずつ見直してものを減らした今、すっきりした状態を維持するために1日1捨ては実行しています。

玄関は家の顔。毎日必ず整えています

玄関を見ればその人の家の中の様子がわかります。靴は定位置に戻し、傘はひとり2本まで。靴の汚れ、破れ、かかとのすり減りにも気を配ります。子ども靴は多少汚れてもサイズアウトするまで履いてもらいますが、大人の靴は値段に関係なくきちんとメンテナンス。捨てる、買い替える、手入れして履くのどれかを定期的に行っています。

手放せないもの

長男のお下がり服は厳選して保管します

きれいな状態で次男が着られる服は、捨てずに押入れに保管しています。今はケース1つぶん。多いときは3ケースありましたが、あと1〜2年でお下がり保管はなくなりそうです。しみや汚れが気になるもの、ウエストゴムが交換できない服は処分します。定期的に見直して、次々に増えないよう気をつけています。

ときめきと心地よさで、持つものを選びます

「心がときめくものだけで暮らす」ことを目標に、持ちものを厳選しています。今気に入っているのはコンバースのシューズ、エルベシャプリエのポシェット、トートなどのバッグです。好きなものは無理に減らしません。気に入っているのに捨ててモヤモヤ、後悔したら意味がありません。

ときめくものは時とともに変わるので、見直しは定期的に。以前大好きだったストールは、1年で1回も使っていないことに気づき潔く処分しました。

Master of Mvinimalist

04 / 08

mariさん

家族：夫、娘（10歳）、息子（6歳）　住まい：賃貸アパート　仕事：主婦

【Instagram】 **mari_ppe___**　https://www.instagram.com/ mari_ppe___/

減らすだけでなく、家具の置き方や選び方にもこだわります

2年前にソファを買い替えたことが、シンプルな暮らしをめざすようになったきっかけ。前のソファより大きいはずなのに、家具の高さやデザインで印象が大きく異なるんだと勉強になりました。我が家は狭いので、それ以来どうしたら広くすっきり見えるかを考えるようになり、今の暮らしにつながっています。

▶ ものの処分、こだわりは？

きっちりと決めていませんが、新しいものを買ったときは古いものは潔く捨てます。賃貸アパートで収納スペースがほとんどないため、ものをためこまないよう注意しています。とはいえ、夫の靴や漫画本は悩みの種。収集癖があるので、本人にまかせています。

▶ あなたにとって、ものとは？

生活するにはなくてはならないものです。ものが多い、持っていてもどこにあるかわからない、いつか使うかもしれないと思ってとっておこうとするのが、部屋が片づかない原因だと思います。適量適所を心がけ、ものを大事にすることに気を配っています。

すっきり見せるコツ

圧迫感のないソファを選びました

8畳しかない我が家のリビング。ソファをなくして広く見せたいところですが、家族にとってソファは必要な家具でした。小さいと座り心地が悪いので、大きさはキープして背もたれの低いロータイプ、片ひじのデザインにしたら、それだけですっきり。家具の高さは目線より下にすることで、圧迫感が出にくくなると学びました。

持たないもの

小さく移動させやすいローテーブルで食事

リビングが狭いため、ソファを優先してダイニングテーブルを置くのはあきらめました。食事は、小さなローテーブルをソファの前に置いています。普段は隣の和室に置いて、必要なときだけ持ってくるように。このテーブル、実は夫が独身時代からずっと使っているものです。特に不便を感じないので、使い続けています。

かさばるプリンターは、押入れに

リビングのチェスト横に置いているデスクトップパソコン。基本的に、使うものは使う場所に置くのがマイルールですが、プリンターに関しては毎日使うものではないため普段は押入れに収納しています。プリンターは大きくかさばるものなので、これでデスクまわりがすっきり。ちなみにコード類もすっきりまとめたいところですが、以前束ねすぎてWi-Fiの調子が悪くなってしまったことがあるので、それ以来あまりやりすぎないようにしています。

すっきり見せるコツ

食器棚は扉のないタイプに替えました

食器棚を、扉つきからオープンタイプに買い替えることで家事がシンプルになりました。調理台と食器棚の距離が70㎝と狭く、扉を開ける作業、かがむ動作に不便を感じていたためです。オープンにすることでとりやすく、使い勝手がよくなりました。見た目のすっきり感も高まったと思います。

ホコリが入るかな?と心配していましたが思ったほど気になりません。食器の数も見直し、減らしたので棚の掃除もラクです。

Before

After

コップは食器棚に入れることすらやめました。冷蔵庫の向かい、一番近い棚に収納すれば、子どももとり出しやすくなります。その横にはトレーを。トレーを出し、コップをその上に置き、箸と皿を置くという流れが動かずにここで完結します。

フライパンはティファールのもの。取っ手をはずして重ねられるため、すっきり収納できます。取っ手つきの調理具は雪平鍋と卵焼きフライパンのみ。これらはコンロ下に、大きな鍋は吊り棚の上にしまっています。

収納ケースは、シンプルで頑丈なFitsのもの。ロゴは重曹とラップを使って自分で消しました。どんな部屋のどんな押入れでも使えるように、あえて奥行きのないものにしています。

つっぱり棒ハンガーかけの上段には、フェローズのバンカーズボックスを並べています。雛人形やクリスマスなど季節もののデコレーションなどを収納。白で統一しているので見た目もきれいです。

すっきり見せるコツ

衣装ダンスを置かず、押入れに収納します

タンスをなくし、スタッキングできる収納ケースを置いています。転勤族なので、引っ越しのときもこのまま移動でき、次の住まいでも使えるようにするためです。ハンガーのものは、つっぱり棒を活用。この押入れクローゼットは夫婦専用で、もうひとつの和室の押入れに子どもの服を収納しています。押入れはこのふたつしかないため、パントリーもここに。書類や日用品ストック、掃除用品などをファイルボックスに分類して、古い靴箱を再利用して収納しています。

すっきり見せるコツ

タイルカーペットで和室もすっきり

賃貸アパートの和室はずっと悩みの種でした。畳は10年も使うとボロボロです。ここは寝室兼用なので、布団につかないようケアが大変でした。そこで悩みに悩んでタイルカーペットを敷くことに。じゅうたんより安く、部屋のサイズに合わせてぴったり敷き詰められます。何より部屋が明るく、すっきり見えるので大正解でした。

狭い脱衣所は引っかけ収納で広く見せます

洗面所兼脱衣所は1畳もありません。下にものを置かないように気をつけています。一番邪魔な洗濯かごは、S字フックで浴室の扉に引っかけて収納。床掃除もしやすいです。フレディレックのかごはやわらかいので、落としても壊れないのがお気に入り。ランドリーラックが木製タイプなので、収納かごやティッシュケースも同じ色で統一し、すっきり見えるよう工夫しています。年に2回新調するタオルは、フェイスタオルとビッグフェイスタオルで計7枚と厳選。

布団は圧縮せず コンパクトに収納

かさばる布団収納は、限りあるスペースにきれいに収納するため見た目より機能重視です。羽毛布団はふんわり感をつぶしたくないので、掃除機で吸う圧縮袋ではなく収納袋に。中に固定テープがあるので圧縮しなくても薄く、コンパクトにたたむことができます。炭入り消臭です。楽天で購入しました。我が家ではシングルタイプを3つ使っています。

年中使えるサーキュレーターを愛用中です

季節家電はオフシーズンの保管が大変。そこで、扇風機を手放しサーキュレーターにチェンジすることにしました。これなら送風以外にも、浴室の換気や空気循環にシーズン問わず使えるので、しまわなくてすみます。我が家の季節家電はファンヒーターのみ。こちらは夫婦のクローゼットの、収納ケース奥に収納しています。

模様替えのかわりに 間接照明を楽しみます

部屋のデコレーションは、壁にポスターを飾ったりドライフラワーを飾ったりと可能な限り楽しんでいますが、模様替えはなかなかできません。そのため夜は間接照明を活用してリビングの雰囲気をチェンジ。これだけでガラッと気分が変わるので、インテリアや家具を買い替えたい、増やしたいと思うこともありません。

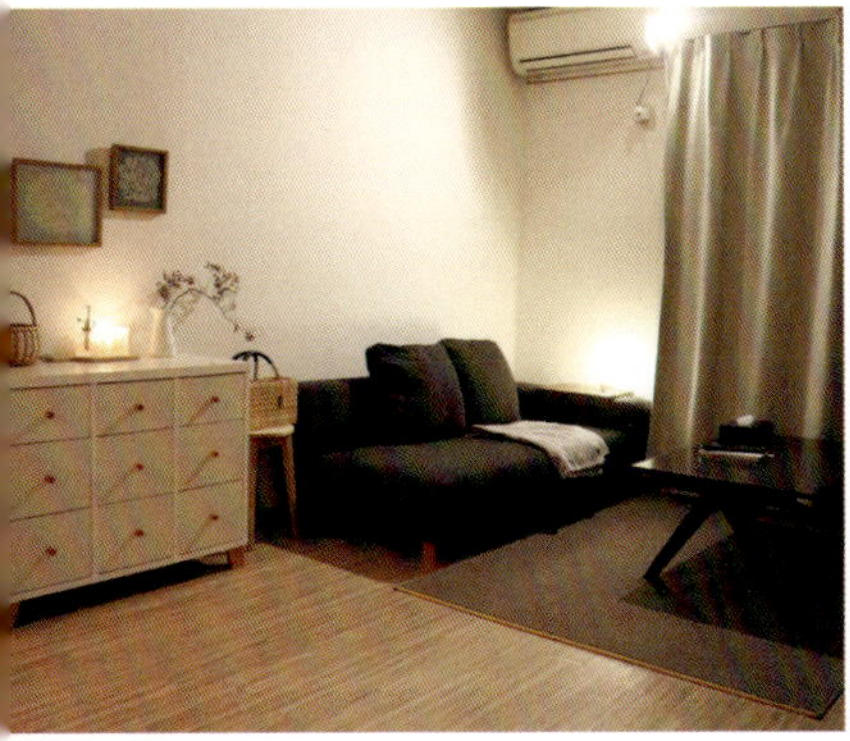

Master of Mvinimalist

05 / 08

ピーコさん

家族：チワワ　住まい：賃貸アパート　仕事：アルバイト（不定期）

【Instagram】 **syk188** https://www.instagram.com/syk188/

もののの管理や掃除がラクになり、心にゆとりが生まれました

4度目の引っ越しを機に、ものを減らすことを始めました。何度も見直して実行していくうち、苦手だった家事がラクになり、時間とお金にも余裕が出てくるように。忙しくても気持ちが乱れず、愛犬と過ごすなど好きなことに使える時間が増えました。挑戦したいことも多くなり、生活が豊かになった気がします。

▶ ものの処分、こだわりは？

昔はただただゴミ箱へ放り投げて捨てていましたが、今はなるべく捨てない方法を考えて手放します。壊れたものは仕方ないですが、衣類、家具はフリマアプリを利用し、家族や友人にも声をかけています。譲ったものを何年も使ってくれているケースもあります。

▶ あなたにとって、ものとは？

生活を満たしてくれる「必要なもの」と、気持ちを豊かにしてくれる「欲しいと感じるもの」の2通りあります。買い物するときは、今の自分に合った暮らし、これからの理想の暮らしを考えてから。ひとつひとつ満足感が得られるようになり、長くつきあえるようになりました。

ポリシー

落ち着く空間を作るため ものを減らします

ものを持たない、減らすことが大事なのではありません。必要最小限のもので落ち着く空間を作ることをポリシーにしています。生活感が出てしまっても、使いやすい、暮らしやすいなら時間も気持ちもすっきりします。十人十色、仕事も生活も家族も違うので、自分の中のものさしで必要最小限を持つ暮らしが理想だと思っています。

靴はスニーカー、フラットシューズ、レインブーツなど全部で9足。数が少ないぶん傷みやすいので、こまめにケアして長く使えるように心がけています。ケアしながら、ものと話し合いをしている感じです。ケア用品もシンプルに。

持たないもの

靴箱はなし。シューズケースを重ねています

今の賃貸の部屋には靴箱がついていません。今後の引っ越しや置く場所の確保を考えて、購入は見送ることにしました。とはいえ出しっぱなしもすっきりしないので、ダイソーのシューズケースを重ねて置いています。減らす、買い足すと増減が自由自在で、何よりリーズナブル！　のちのち処分もしやすいので気軽です。

　重い家具はなるべく買わないで、少ない予算とすっきり見せる暮らし方を意識しています。

賃貸にカーテンは必要ありません

　賃貸暮らしだと、引っ越してしまえば手持ちのカーテンのサイズが合う確率はかなり低い気がしています。だからカーテンは持ちません。仕事上早寝早起きなので問題なく、朝日も気持ちがいいです。カーテンのかわりに布屋のワゴンセールで購入した布で目隠ししています。すそは切りっぱなし、100円ショップのフックでとめています。

持たないもの

ホコリがたまる大型テレビ、やめました

ひとり暮らしを始めてから、憧れだった大型テレビを購入。でも重いし、ホコリがたまって掃除も面倒に。数年前、思いきってやめました。そしてパナソニックの防水プライベートビエラに買い替えました。小さな本体で軽く、防水、タッチパネル式。DVDも見られます。半身浴のお供にするなど使い勝手もよくなりました。

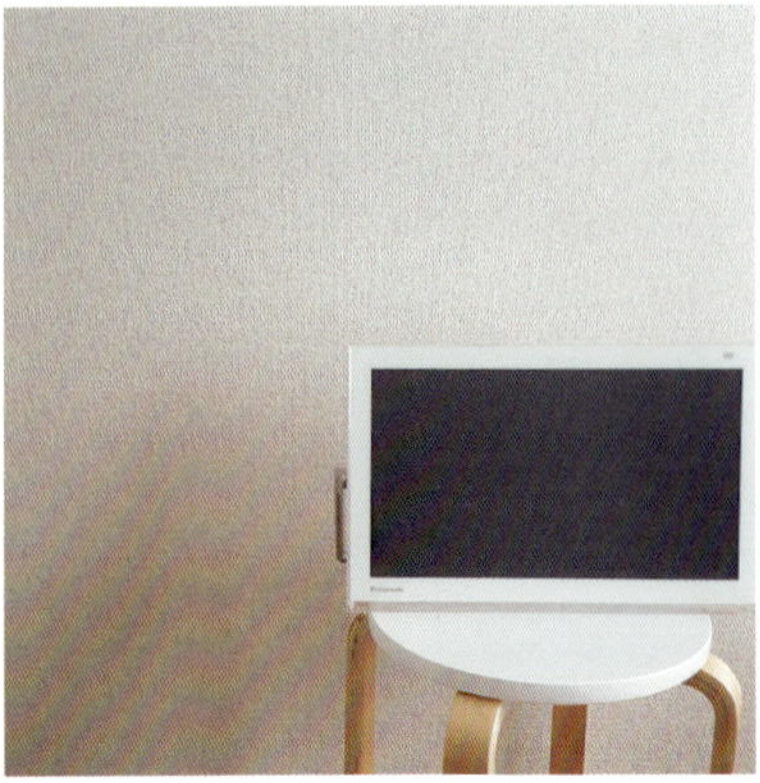

料理をシンプルにしたら、キッチンが片づきました

キッチンでものを減らすために、自炊はシンプルに。揚げ物や手の込んだ料理は、ひとりだからというのもあってやめました。食べたいときは総菜を買うか、外食します。普段は具だくさんのみそ汁においしいお米、漬物屋さんで買ったぬか漬けなど。使いやすい野田琺瑯の鍋と軽い電気鍋を愛用しています。揚げ物をしなくなったら、換気扇やキッチンの掃除もラクになりました。

食器類もふたりぶんのみ。食器棚がなくても、コンロ下におさまります。

手放す
コツ

服は基本たたんで4ケースぶんだけ

押入れをクローゼットにしているため、無印良品のポリプロピレンケース引き出し式 横ワイドの深め4つにおさまるだけの服しか持たないと決めています。分類はトップス、スカート、パンツ、ワンピース。冬物コートはIKEAの折りたためるボックスに収納し、部屋着とランニングウエアは別の収納ケースに入れますが、どちらも入るだけしか持ちません。

季節外の衣類はまとめて小さめのトランクへ入れておき、同じ押入れに置いてあります。衣替えも簡単です。

壁に100円ショップのつっぱり棒を設置した洗濯コーナー。服をかけっぱなしでもすっきり見えるようにしています。仕事が忙しくて家事が片づかないときでも、家が散らからない仕組み。アイロン待ちのものをかけておくこともあります。

仕事でたまに必要な上品ワンピースはZARAのものを1枚。シンプルなデザインなので普段使いもできます。ネックレスなど華やかなアクセサリーは、使う頻度が少なくなったので手放しました。冠婚葬祭のときは姉や友人に借りることにしています。

手放すコツ

新しく買ったら、古いものは処分

欲しいものリストに入っていた、仕事用の小さなトートバッグ。気に入ったものが見つかったので、ようやく手に入れました。ひとつ買ったら、ひとつ手放す。そうすれば数は増えず、収納場所も増えないから、すっきりした状態をキープできます。古いバッグはボロボロになるまで使いきったので、掃除用のウエスになる予定です。

フリマアプリは10日と期限を定めて出品

飽きたり合わなくなったものは、フリマアプリで売ることを第一にしています。手間はかかりますが、売れたお金でまた素敵なものに出合えると思っています。不用なものは一時保管しておき、ある程度たまってから一気にアップ。出品は10日間だけです。その間に売れなければ、友人家族に譲って使ってもらうことにしています。

文具や小物は定量と定位置を決めます

文具、工具などこまごましたものは無印良品のポリプロピレンケースに集約。定位置を決め、決めた収納に入るだけしか持たないことを徹底しています。すべて白に買い替えたり、それぞれをコンパクト化したりすればもっとすっきり見えるのかもしれませんが、使えるうちは捨てずに使いきりたい、ムダにしたくないと思って使い続けています。

心を癒す装飾コーナーを設けています

こだわりすぎず、とらわれすぎず、マイペースにその時々に合った暮らしをしようと決めいています。生活を変えていくのも楽しいです。ミニマリストに憧れていたころは「雑貨は持たない!」と決めていましたが、今は装飾コーナーを設けています。木枠やアクセサリー、好きな本、テレビ。まとめてここだけで楽しみます。季節ものもひとつだけとり入れることにしました。これはｌｏｖｉのツリーオブジェ。ツリーのオーナメントを替えると、年中飾れるものを選びました。

多用途に使えるイスが便利

背もたれのない、小さなイスをひとつ。観葉植物や洗濯かごを置いたり、翌日の仕事の荷物をまとめたり、高いところの掃除にも。もちろんイスとして使うなど、用途たくさんで大活躍です。見た目もすっきりかわいいものを選んでインテリアにも合いました。ベッド横、洗濯コーナー、リビングと、置く場所も用途に合わせて変えています。

よかったこと

ものを減らしたら掃除が好きになりました

今まで億劫に感じていた掃除がラクになり、好きになりました。ものが少ないとサッと終わり、これまで掃除にかかっていた時間を別のことに使えるように。愛犬と過ごしたり、ランニングを始めてみたり……。

掃除道具は、傷んだタオルや服を切って作ったウエス、パストリーゼで拭き、汚れたらポイです。掃除機はコードレスで軽く、自立するプラスマイナスゼロを愛用。長年使っていたものが壊れていたのですが、納得いくものを見つけるまで妥協せずに探してたどり着いた掃除機です。

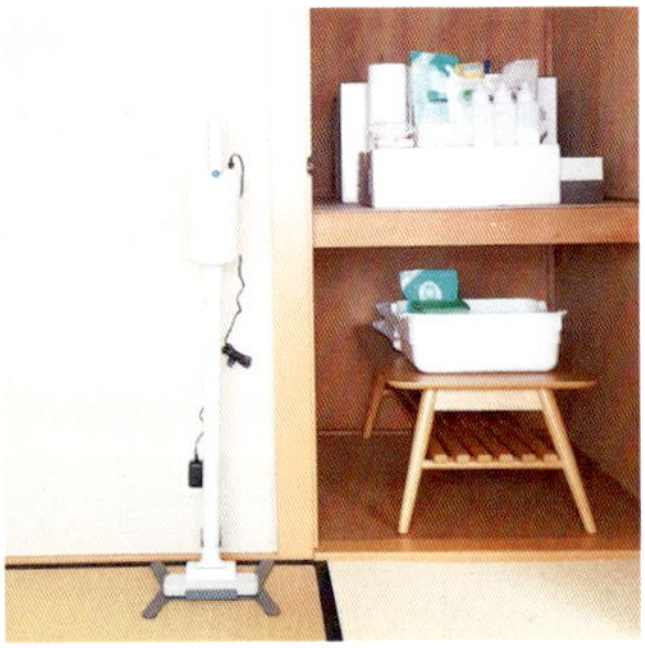

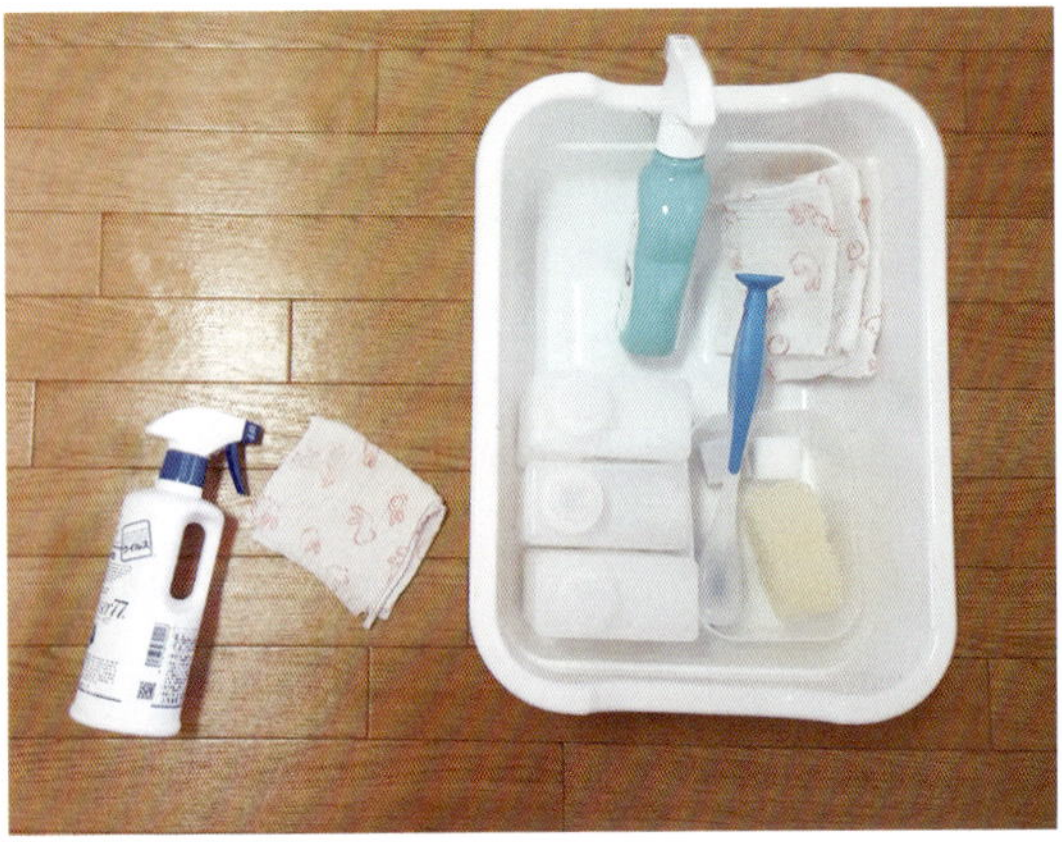

すっきり家計管理

ひとり暮らしの家計管理はシンプルに

家計簿は、固定費、年初に決めた貯金額、ペットや車検など前もって決まっている支出を簡単に手帳に書き出すだけです。残ったお金が生活費や娯楽費に。通帳は引き落とし用、給与用、貯蓄用、投資用の４つ。犬と暮らしているため長時間労働はせず小刻みで働き、ボーナスもないので身の丈に合った生活を心がけています。

手放せないもの

部屋を清める塩は大切にしています

インスタグラムで知り、いただいたお清めのお塩、福しお。これのおかげか、仕事も順調で、今では我が家がパワースポットになりました。パワーストーンなどには抵抗がありましたが、お清めは部屋にとって大事なことなのだと気づきました。とはいえそこまで意識はせずに、ただかわいくて部屋にも馴染んでくれています。

夜のほっと時間にお茶は欠かせません

体質改善のために、ノンカフェインのお茶を毎晩飲んでいます。ほっとひと息つく時間には欠かせないものです。お気に入りはルイボスティーやカモミールティー。無印のかごにマグカップときび砂糖、おやつと一緒にひとまとめにしています。たくさん集めてしまいそうになりますが、ここに入るだけと決めて楽しんでいます。

押入れの下段は愛犬のスペースに

愛犬は大事な家族。上段は私のクローゼット、下はまるまる愛犬のためのスペースにして、ベッド、トイレ、水やおもちゃなどをまとめています。賃貸なので大げさな収納ケースは買わずに、ダイソーのワイヤーにタオルや服、ティッシュなどをつけてすっきり見せています。かさばるトイレシートは無印良品のケースに入れて保管しています。

Master of Mvinimalist

06 / 08

manaさん

家族：夫、息子（4歳、2歳、0歳）　住まい：賃貸アパート　仕事：主婦

【Instagram】 **rgrg__1110** https://www.instagram.com/ rgrg__1110/

ものに振り回されず、向き合って暮らしたいです

独身時代は部屋が汚く、結婚後ももの持ちでした。今の家に引っ越すときは荷造りが大変で、やっとものの多さに気づいたんです。その直後、漫画家・イラストレーターのゆるりまいさんの本を読み、一念発起。こんな暮らしがしたい！と整理を始めました。今はひとつひとつのものと向き合って暮らしています。

▶ ものの処分、こだわりは？

必要か不要か定期的に見直し、ときめかないもの、ボロボロのもの、1年間使っていないものは捨てます。まだ使えそうならリサイクルショップへ。そもそも増やさないように気をつけています。周囲に流され、見栄だけでものを買わなくなりました。

▶ あなたにとって、ものとは？

ものに振り回されないようにしています。ものが中心でなく、自分が“主”ということを忘れずにいたいです。持っているものは常に把握し、新たに手に入れるときは「欲しい」のか「必要」なのかを区別します。本当に必要なものは意外と少ないことに気づきました。

ポリシー

飾りや家具のない部屋が好きです

リビングは必要最低限の家具だけ。ものがなさすぎて寒々しいと思われるかもしれませんが、私は殺風景な部屋が好きです。おしゃれなインテリアも好きですが、あくまで見て楽しむだけで、私には管理できず、すっきりしたこの暮らしのほうが合っているとわかっているから、周囲に流されて余計な買い物をすることはありません。

持たないもの

ダイニングチェアは折りたたみタイプです

我が家の食事用チェアは折りたたみで、使うときだけ出しています。理由はふたつ。リビングが細長いため、チェアがあると圧迫感が出てしまうから。もうひとつは、出しっぱなしにすると、やんちゃな子どもたちが移動させていたずらしたり飛び降りて遊ぶからです。置かないことで、余計なストレスや心配ごとから解放されました。

水きりかごは置かず吊り棚を活用します

キッチンの調理スペースは本当に狭く、水きりかごは置きたくなかったので吊り棚を買ってとりつけました。食器をここに置き、カトラリー類は山崎実業のキッチンフックに入れて乾かします。ざるやフライパンはS字フックで吊り下げて乾燥。気分のいいときはすぐ片づけますが、疲れているときはこのまま。派手な色の食器はないので、放置しても視覚的に疲れません。常に完璧に片づけることはできないので、ストレスにならずラクに暮らせる仕組みを作っています。

すっきり見せるコツ

カトラリーやコップは持ちすぎません

これが我が家のすべてのコップとカトラリーです。ここにおさまるだけ。三男の離乳食が始まるのでそのぶんが少し増えますが、あとはこれで十分です。子どもたちのカトラリーは白い空き瓶に入れて、食事のときはこのままテーブルに出しています。食器類も厳選。なるべく白にしてすっきり見えるようにしています。

冷蔵庫の中は詰めすぎずシンプルに

食材は詰めすぎず、なくなったら買いに行くようにしています。以前はすぐ買い物に行き、いつもぎっしり詰まりすぎてとり出しにくく、同じものをうっかり購入することも。でも、食材がなくても意外とやっていけるもの。あるもので何が作れるかを考えるようになりました。いつ、誰に開けられても大丈夫！といえる冷蔵庫が理想です。

食品ストックも、余ったかごや牛乳パックを活用して仕切りにしています。わざわざ収納ケースは買いません。

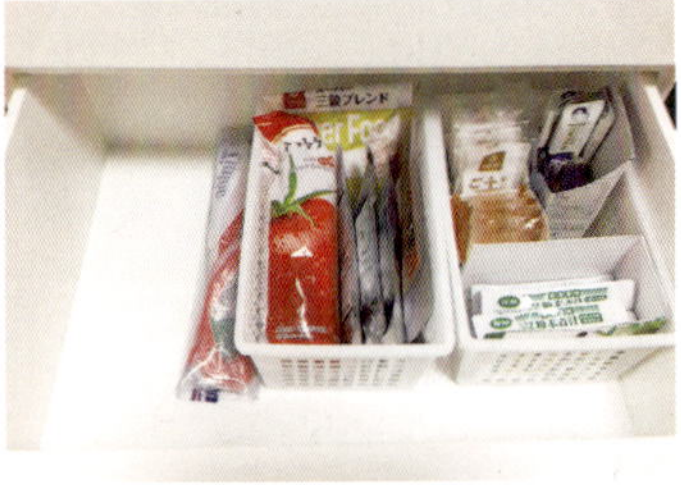

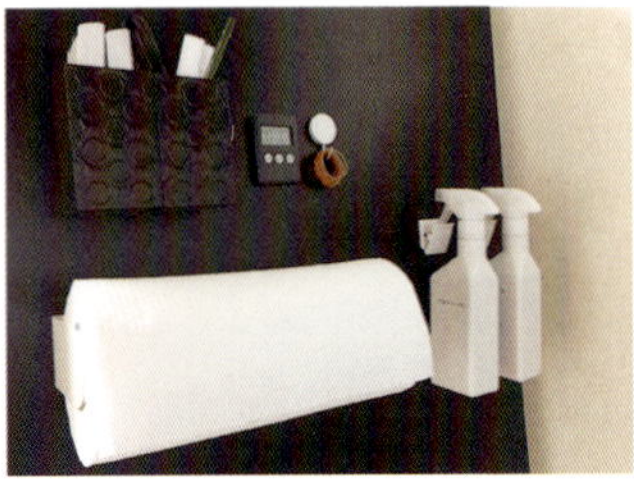

キッチンが狭く、収納スペースも少ないので、基本はかける収納。ダイソーのマグネットを使っています。出しておくものはキッチンペーパーなど最低限にして、できるだけすっきり見えるように。見た目もシンプルなアイテムを選んでいます。

浴室は吊るす収納でぬめりゼロ

水まわりの掃除が苦手なので少しでもラクできるよう、ものを直置きしないと決めています。太いつっぱり棒をとりつけ、シャンプーや洗顔ネットを吊るしました。シャンプーとボディソープは詰め替えそのままという商品が便利です。ボトルを洗って詰め替えるという手間が省け、最後の1滴まできれいに使いきれるところが気に入っています。

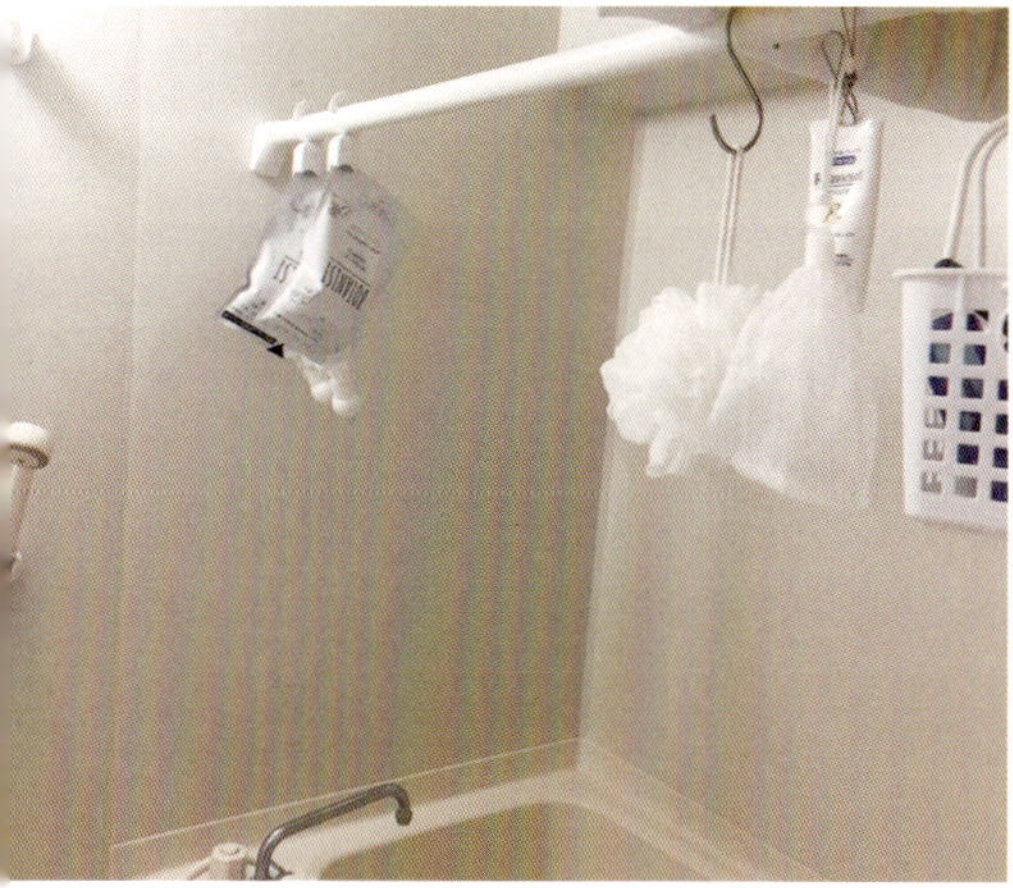

毎日使うものはお気に入りデザインに

リビングの隣の和室に強力つっぱり棒をつけ、洗濯もの干しとして使っています。ハンガー類はこのように普段からかけっぱなし。無印良品のアルミ角型ピンチハンガーは、シンプルで折りたたんでもスリムなので、出したままでも目立たずお気に入りです。毎日使うものはお気に入りのほうが、苦手な家事も気持ちよくとりかかれる気がします。

シンプルメイクならクレンジングいらず

結婚出産を経て、メイクをする日がぐんと減りました。ヴァントルテのファンデーションなど本当に気に入った、使い心地のいいものを厳選しています。以前はマスカラやリップカラー、アイラインなど各5本は持っていましたが、今は小さなポーチにおさまるくらい。すべて石けんで落とせるので、クレンジングの手間も省けるようになりました。

すっきり見せるコツ

食器は白か木製にして使い勝手を最重視

小さな子どもがいるので、扱いやすい、割れにくい食器が中心です。カインズホームのポリエステル樹脂の食器を愛用中。白か木製のみで、見た目もすっきりと。我が家は25枚くらいが適正量だと感じていて、これ以上は持ちません。すべて必要といえるくらい毎日どれも使っているため、いらない食器はありません。

キッチンのシンク下はものを詰めすぎません

ものを少なくしてから、片づけも管理も掃除も本当にラクになりました。収納ケースやボックスを使えばもっときれいに見えるかもしれませんが、ものが少なければ収納用品も必要ありません。ひとつひとつ間隔をあけて置いているのでとり出しやすいです。扉裏の包丁ケースは逆さにつけ替え、フックでケースをかけてスポンジやレジ袋を入れています。

押入れには一時置きスペースを確保

押入れのふすまはとりはずし、長いつっぱり棒をつけています。右の余白は一時置きスペース。ここがあると床にものを置くことを防げます。このスペースは多少散らかってもよし。収納スペースがあるからといってものを詰め込まず、5人家族でも余白のある収納を心がけています。余白部分があると、それだけで気持ちにも余裕が生まれるからです。

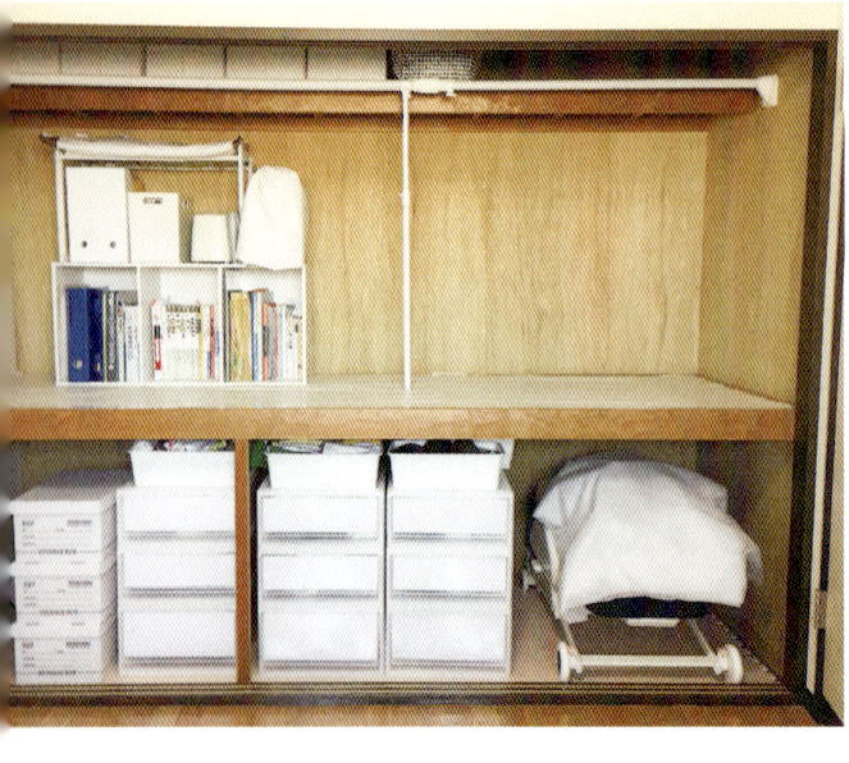

ものが多い場所は色と形をそろえます

子どもたちに触らせたくない危険なものや保管しておきたい大切なものは、ここのスチールラックにまとめています。ダイソーのボックスや、ニトリの引き出し、カラーボックスなどすべて白で統一。

ポリ袋やカーペットクリーナーの替えなど消耗品はラック一番上のボックスに入れています。最下段にはティッシュやお尻ふきのストック、右の丸いボックスにはウエスにする古タオルや服、靴下などを。その下の無印良品の頑丈収納ボックスには、いざというときのための防災グッズが入っています。

それぞれきちんと収納場所を決めることで散らかりません。

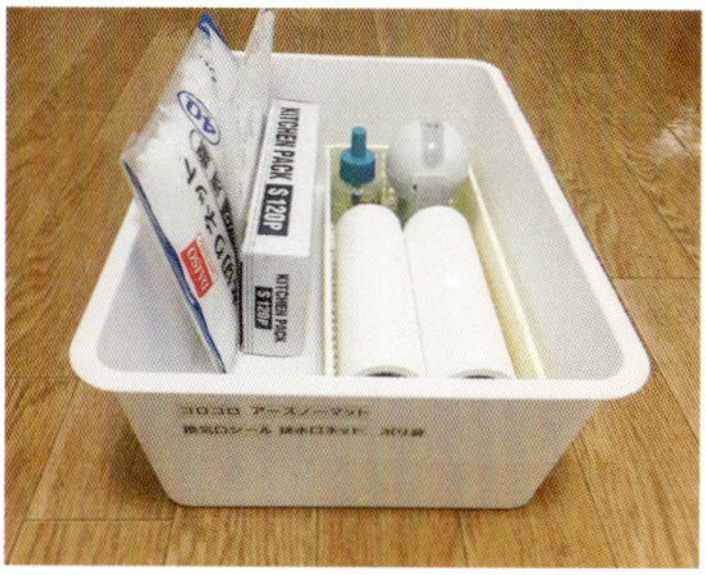

洗面所にはランドリーラックを置いていますが、圧迫感が出ないよう白でまとめています。洗剤などはラベリングしてひと目でわかるように。無印良品の角型スプレーボトル、カインズホームとセリアの洗剤ボトルは真っ白でお気に入りです。

すっきり見せるコツ

玄関も、ものの定位置を決め、散らかり防止

玄関はものが意外と多い場所。でもそれぞれ定位置を決めておけば、散らかったままにはなりません。いつでも掃除ができるよう、大小のほうきふたつは玄関扉に。同じく扉のボックスには印鑑、家と車の鍵を入れています。壁には無印良品の壁に付けられる家具・フックにアウターを引っかけて。傘や不燃ゴミボックスは、玄関からも廊下からも見えない靴箱と壁の隙間に置きました。靴箱の上は何も置かないようにしているので、バッグなどを一時的に置くこともできます。

手放すコツ

片づけは、ものを全部出すことから始まります

しまいこんで存在を忘れていたものや、壊れていて使えないもの。全部出して確認する作業は、最初はとても大変でした。なぜなら多すぎて、出すだけでかなりの時間がかかったから。こんなに持っていたんだ、と気づいてからは買い物もとても慎重になり、ものを全部出すことも苦ではなくなりました。

この作業は、家じゅうで定期的に実践しています。ものを買うときや収納を変えるときも行っていて、一度とりかかると25kgほどの不用品が出ることも。

子ども服
管理

子ども服はケースにおさまるようキープします

自分の服は少ないのですが、お店でかわいい子ども服を見かけると「おそろいで着せたいな」とついつい買ってしまいそうになります。でもそれは「欲しい」であって、「必要」ではない。ただ欲しいだけでものを買えば収納場所からあふれ出し、散らかって汚い部屋になります。それが身に染みてわかっているので、まずはどれだけあればいいのかという必要な数を把握。しみがついていたり、よれよれになった服は潔くウエスにします。我が家は3兄弟なので、サイズアウトしたけれどまだ着られそうな服はお下がりとしてきれいにとっておきます。

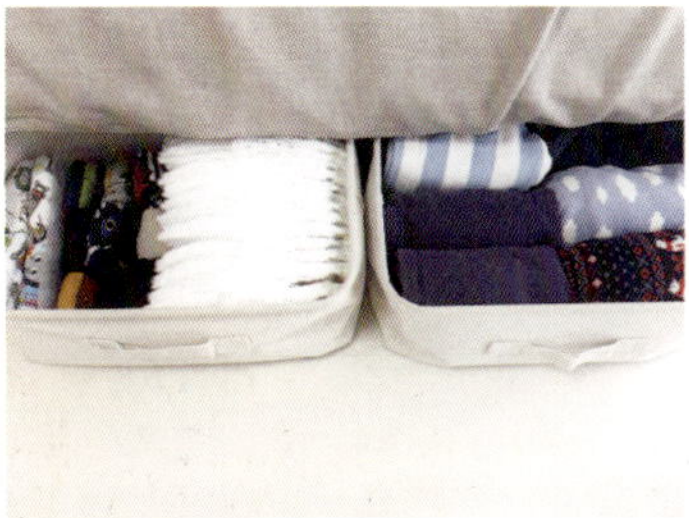

春夏服と冬服で、それぞれ衣装ケースにおさまるぶんだけを持つように。お風呂上がりは裸でリビングへ走る子どもたちなので、下着やパジャマだけはソファ下に収納。

おもちゃは押入れ下段のカラーボックスと100円ショップのケースに分けて収納。あふれそうになったら子どもと見直して、いらないものは保管専用ボックスに移動させます。そのあと子どもたちが思い出さなければ、リサイクルショップへ。

Master of Mvinimalist

07 / 08

kozueさん

家族：夫　住まい：社宅　仕事：主婦

【Instagram】 **kozue._.pic** https://www.instagram.com/ kozue._.pic/

理想はすぐに引っ越しできる家。
長くつきあえるものだけを持ちます

結婚して転勤族になったことで、引っ越しに困らないような部屋をめざすように。持ちすぎない暮らしを始めたら、衝動買いはなくなりました。安いから、流行りだからと思いつきでものを増やすのではなく、じっくり考えこだわりを持ったものだけを選ぶようにしたいと思っています。

▶ ものの処分、こだわりは？

なんでもすぐに捨てるのではなく、ほかの使い道を考えてから手放します。ものにはなんでも愛着がわいてくるので、処分は難しいです。どうしても捨てられないものは、不要ボックスなどに一時保管し、本当に必要かどうか考える時間を作ります。

▶ あなたにとって、ものとは？

暮らしを豊かにしてくれるもの。生活用品と贅沢品がありますが、バランスを上手にとりながら、ものに支配される空間にならないよう暮らせたらと思っています。特に服はおしゃれを楽しむためには最低限というのは難しいですが、ほどほどにと心に決めています。

持たないもの

最初にやめたのは
リビングのラグでした

リビングにはソファがあるため、床に直接座ることがない我が家にとってラグは単なるインテリアでした。食べこぼしの汚れなどが目立つようになり、なんとなく部屋も汚れた印象に……。掃除機を何度もかけたりしてお手入れにも手間取っていたため処分しました。掃除や洗濯がラクになり、気持ちまですっきり。

ふたり暮らしにダイニングテーブルはいりません

我が家にはダイニングテーブルがなく、食事はソファ前のリビングテーブルですませています。転勤族なので大きな家具は可能な限りなくし、小さな部屋へ引っ越す場合でも対応できるような家具選びをしました。ふたりぶんの食事なら、リビングの小さなテーブルでも間に合います。生活はできるだけコンパクトに、できるだけ身軽に。

広く空いたスペースには室内物干しを設置し、天候に左右されずいつでも洗濯ものが干せるようになっています。

寝具は1年を通して使える素材を選びます

合掛け、肌掛けとセットになっていて年中使える羽毛布団を愛用しています。寒い時期は洗える毛布を合わせ、エアコンで室内温度を調整。フランスベッドのものです。シーツはフランス産リネン100%。通気性は抜群、丈夫で洗濯にも強く、乾きが早いのもポイントです。頻繁に買い替えることがない寝具なので、こだわって納得いくものを選びました。

持たないもの

食器棚はやめました。シェルフで見せる収納に

キッチンには無印良品のユニットシェルフを置いて、見せる収納にしています。食器棚は使いません。どこに何があるかひと目でわかり、組み合わせも自由に選べるのでお気に入りのアイテムです。炊飯器の下の段にはよく使う食器を並べ、とり出しやすく。そのほかの食器はシンク上の吊り戸棚に置いています。ここに収納できるだけの量と決めて、増やさないように気をつけています。

　キッチン家電も必要最低限に。我が家ではトースターを手放し、魚焼きグリルで代用しています。

暖房器具は湯たんぽと電気ひざかけ

ヒーターやストーブはオフシーズンの収納場所に困るので、エアコンと電気ひざかけを使っています。我が家では日中家で過ごすのは私ひとりのため、電気ひざかけだけでも十分あたたか。コンパクトにたためて、収納場所もすっきりです。電気代は1時間0・8〜1・3円と安く抑えられるのもポイントです。

　ぐっと冷え込むときは、陶器の湯たんぽも使っています。ベッドに忍ばせたり、冷え冷えの足をあたためたり……。本当にぽかぽかです。

すっきり見せるコツ

季節の変わり目に必ず衣類を見直します

そのシーズン出番のなかった服は手放し、次の季節の服を買い足すというサイクルです。古いものをひとつ減らしてからひとつ増やすことで、収納ケース内の衣類の量を保つことができます。いつの間にか、服があふれかえるということはなくなりました。また何が必要なのか把握しやすいため、似たような服を買うなど失敗やムダも減りました。

引っ越し時にそのまま持ち運べるよう、服の大半はケース収納。きれいにたたんで立てることで見やすく、とり出しやすく、戻しやすく。日々の使い勝手もよくなっています。

服を手放すことを継続した結果、少しずつですがケース内にゆとりが。立てる収納だとスペースが余るので、一部重ねる収納にチェンジ。目隠しのため入れていたプラスチックダンボールを撤去してもすっきり見えるようになりました。

クローゼットにはハンガーにかけるアウターやバッグ類を収納しています。似たようなものは多く持たず、防寒用、おしゃれ着用、薄手のコートなどそれぞれ1着ずつ厳選。かさばるアウターは持ちすぎないように心がけています。

靴下は仕切りケースに収納。中の仕切りは自由に動かすことができるので、厚手のタイツも収納可能です。手頃で購入しやすい靴下ですが、衝動買いはせずにここにおさまるぶんだけ。古くなったら捨てる前に雑巾にしています。

すっきり見せるコツ

タオルや肌着は寝室に収納します

洗面所に置くことが多いタオルや肌着。でも狭いスペースにラックを置くのがどうしてもいやで、寝室にある備えつけの棚に収納することにしました。入浴前は必要なものを布ボックスに入れて持ち出します。この布ボックスは、普段はパジャマの収納として使っているので、タオルなどを足して持ち運ぶだけですみます。

カーテンは丸洗いＯＫの控えめグレーに

カーテンはインテリアの中でも特に大きい面積を占めるため、重要なアイテム。我が家ではお手入れしやすさを重視し、丸洗いできるカーテンにしています。家具とのバランスを考え、控えめな色合いのグレーを。また掃除をしやすくするため、通常はすそ上げ2㎝のところを5㎝、遮像レースカーテンは10㎝と短めにしています。

収納ボックスは使い回せるものを

テレビの下に収納している木製ボックスには、家計管理に使うものをまとめています。明細書やメモ、計算機などが入っています。取っ手がついているので、このままテーブルに持ち運べて便利。実は薬箱なのですが、シンプルでお気に入りのデザインなので、今後家計簿ボックスとして使わなくなってもまた違う使い方ができると思っています。

手放せないもの

花のある暮らしを楽しみたいです

唯一インテリアとして季節の花やグリーンを置いています。持ちすぎない暮らしをしていると、どうしても殺風景になりがち。ものはなくしたいけれど、あたたかみのある部屋にしたいのです。花やグリーンがあるとパッと明るい印象になり気分も上がります。花器ひとつで季節を感じることができるのも大きなポイントです。

季節の装飾は小さなもの限定

シーズンの飾りものは、季節外の収納場所も考えてかさばるものは可能な限り避けています。例えばloviのツリー。組み立て式なので、バラバラにすれば1枚は2㎜にもならないほどの板です。これならコンパクトなので収納にも困らずインテリアを楽しめます。

お正月の鏡餅は、みかんまでひとつの木の塊から彫り出された一木造り。鈴木彫刻所のものです。手仕事のあたたかみを感じられます。ハロウィンの飾りも、家にあるものでさりげなく。

Master of Mvinimalist

08 / 08

mayuさん

家族：夫、息子（5歳、3歳）　住まい：一軒家　仕事：フルタイム（時短あり）

【 Instagram 】 **mayuru.home** https://www.instagram.com/mayuru.home/

家族時間を確保するため ものを減らしました

家を建てたころは見せる収納に憧れ、統一性のない雑貨を飾っていました。家族が増えてものも増えてしまったのですが、仕事復帰のタイミングで効率よく家事ができる仕組みを作ろうとシンプルライフをめざすことに。長く使えそう、使い回せそうなものなど、買い物はかなり検討してからするようにしています。

▶ ものの処分、こだわりは？

子どものおもちゃ以外は、使わなくなれば潔く捨てます。迷ったら一時保管しますが、また使うかも……は二度と来ないことが多いです。思い出の品はすっきり保てる範囲の量であれば無理に捨てる必要はないと思っていて、保管場所を決めて大切にしています。

▶ あなたにとって、ものとは？

生活必需品はもちろん、インテリアのための雑貨類も我が家にはたくさんあります。後者は必然のものではないですが、心がほっとしたり、ときめいたり、季節行事など家族で楽しめるなら「必要」として厳選して持ちます。ただし置き場所や量は把握するようにしています。

持たないもの

掃除しにくいトイレ便座は撤去しました

我が家の2階のトイレは便座の下に隙間があって、掃除しにくい形になっていました。そのため、思いきって便座とふたを撤去。常にこの状態です。私以外は男ばかりの家庭で、しかも座ってしてもらうことは強要していないため、ここは息子と夫の専用トイレにすることにしました。私が1階トイレを使用すれば問題ありません。

こたつをやめて、毛布とカーペットに切り替えました

あたたかくて気持ちのいいこたつは、出したい気持ちはあるのですが、掃除の手間がかかるので出していません。かわりにホットカーペットとリビング用毛布であたたまっています。カーペットの上には、洗濯しやすく乾きやすい薄手キルティングラグを敷いています。

こたつがないぶん子どもたちが広々遊べるし、こたつカバーの汚れも気にしなくてすむように。毛布は使用しないときはバスケットに収納できる、シンプルでコンパクトなものを選びました。

勝手口はもともと設けませんでした

勝手口の必要性を感じなかったので、家を建てるときに省きました。そのかわり、キッチンのななめ後ろに作ったのはゴミ箱ステーション。外にゴミ箱を置くのには抵抗があったし、ここなら目立たないのでキッチンがすっきり。調理中以外にゴミを捨てるには少し遠いですが、不自由は感じていません。カウンターはレシピ本などを見る場所になっています。

持たないもの

何年もためこんでいた書類は整理して処分

何年も放置していた書類や保存期間の過ぎている書類は、思いきって処分。一度整理して、カテゴリー別に分類してからはリバウンドすることがなく、年度末に見直すのみです。書類をテーブルに出しっぱなしにしたり間違って捨てることがないよう、パソコンデスク上には一時保管ボックスを設けています。早めに処理し、不要になったものは捨てます。買い物をしたレシートは、小銭入れや家計簿と一緒にボックスへ。家計簿に記入したら処分します。

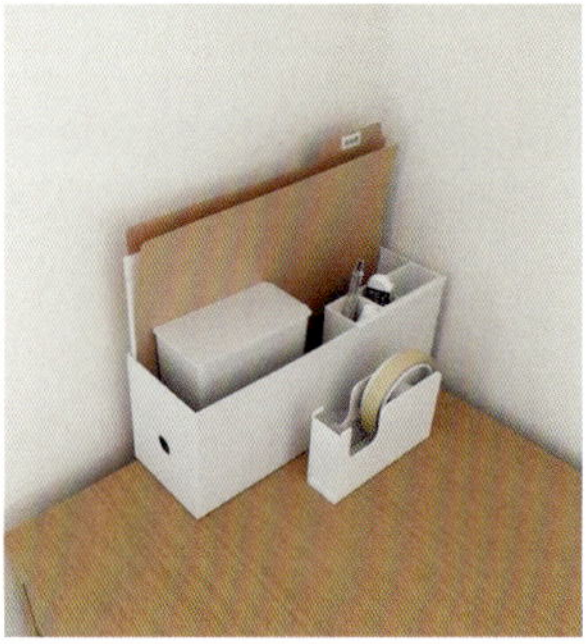

はんぱな文房具は全部手放しました

似たような文具をたくさん持っていました。選び放題のような気がしますが、その逆で本当に使えるものがどれかわからなくなり、使えるものだけを厳選して処分。3色ボールペンなど一見便利に見えるものも、1色出なくなると逆に不便なので購入しません。我が家では無印良品を定番化しました。使う場所にいくつか分けて設置しています。

吸盤スポンジホルダー、やめました

我が家のキッチンには付属のスポンジホルダーはありません。以前はステンレス製の吸盤タイプをシンクに貼りつけていましたが、掃除がしにくかったため処分。そこで余っていたホーロー容器と無印良品のフックを瞬間接着剤でくっつけてお手製ホルダーに。ブラシの除菌や収納にも使用しています。これなら吸盤が不潔になる心配がなく、シンクの掃除もしやすいです。

さらにリビングやダイニング側からもスポンジが見えず、見た目もすっきり。

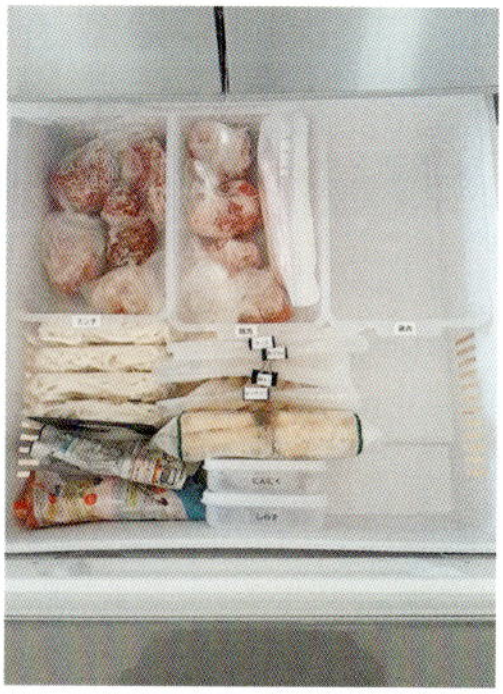

（右）冷蔵庫の中は、すっきり見やすくムダを出さないためにボックスを使用して仕分けしています。（左）IH排気口部分の専用カバーは、洗うのが面倒だしキッチンがフラットにならなくなるためやめました。カバーをアルミホイルで包み、料理中は100円ショップのクリップ式マグネットをはさんで置いています。これで奥に隙間ができつつ、ゴミの侵入も防げます。

絵本は借りるので大きな本棚は不要

子どもにはたくさん本を読んでほしいですが、油断するとどんどん増えます。置き場所に困るけど、捨てるのも躊躇するもの。基本的に図書館で借ります。借りて本当にお気に入りになったものだけを購入するようにしました。2階の寝室には1軍の本のみ置き、寝る前に読み聞かせ。特別な本棚は不要で、無印良品のアクリル仕切り棚を使用しています。

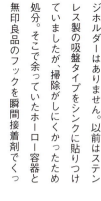

すっきり見せるコツ

道具を吊るせば掃除もラクになります

浴室のものは、基本的に吊るし収納でカビやぬめりの予防をしています。掃除しやすい仕組みにすることで、すっきりをキープできると思っています。我が家は浴槽のふたも不要のため、置かないことで掃除を省く工夫も。ふたは押入れに収納しています。そのほか使っていないトレイや排水口のふたも撤去しました。

ものを最小限にしたら洗濯機上のラックが用なしに

脱衣所は広くないうえものが散乱しがちなので、置くものを厳選しました。バスタオルはやめ、ビッグフェイスタオルに変更。下着はケースに入るぶんだけにし、洗剤はシンプルなボトルに詰め替えて見た目をすっきりさせています。ラベリングは英語や絵だけにせず、家族にもわかりやすい表示に。ものを減らすと洗濯機上のラックが不用になりました。

使っている人も多い珪藻土マット、とり入れてみましたが我が家には不向きでした。掃除でどかさなければならない、汚れやすい、やすりがけなど手間がかかるためです。そこで、毎日気軽に洗える薄手のタオル地バスマットに切り替えました。

すっきり
見せるコツ

汚れやすい2カ所に掃除機を常備

すっきり暮らすために小まめな掃除機がけは必要不可欠ですが、コード式の掃除機だと出すのもかけるのも面倒です。収納場所を確保する必要もあります。そこで我が家が選んだのはシンプルなコードレスクリーナー。汚れやすい1階洗面所、2階寝室にそれぞれ設置することで、時間があるときにさっと掃除をすることができます。

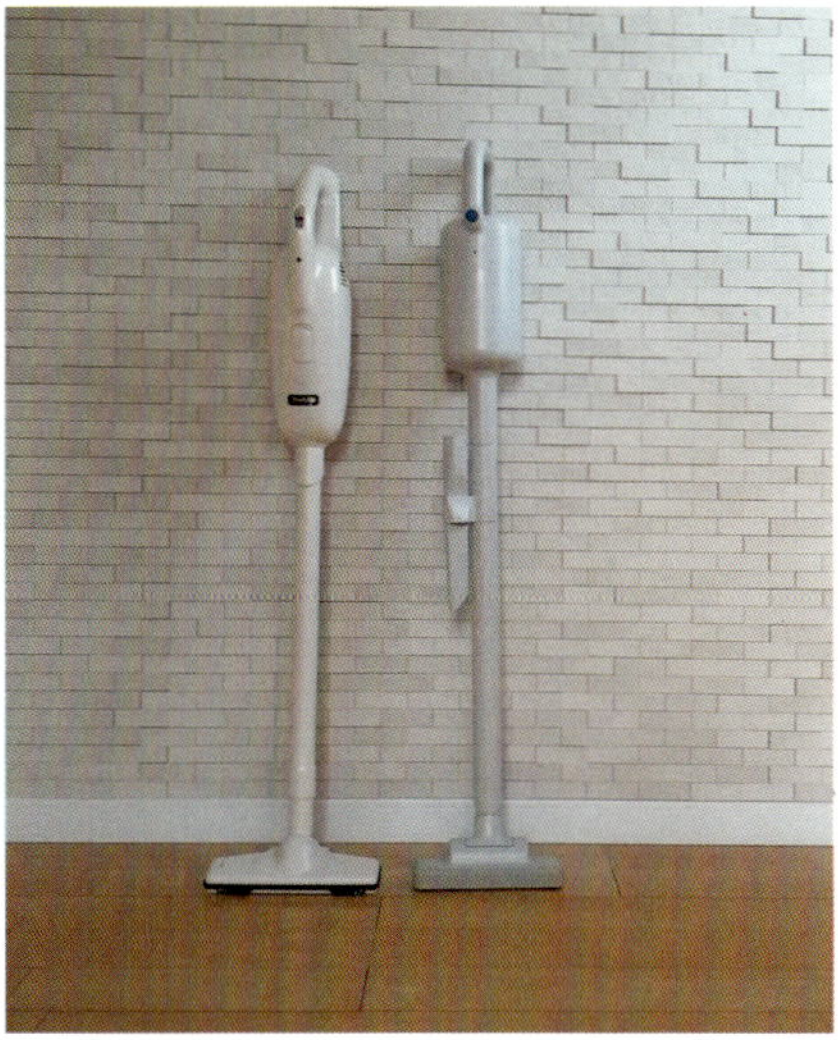

テレビボード収納は定位置を決めます

すっきりを保つコツは、やはりひとつひとつに定位置を作ること。そして必要なもの以外は処分することです。こまごましたものを収納しておくテレビボードは、シンプルなケースやボックスを活用してきっちり整理。それぞれにラベリングすることで家族も片づけに協力しやすく、ものが散乱するのを防ぐことができています。

キッチンはもののとり出しやすさが第一

キッチンの引き出しも、ものの定位置を決めて収納。シンクで使うものはシンク下に集めています。ボックスを活用して立てる収納にし、とり出しやすくしています。ジップつき保存袋やゴミ袋は、ケースに入れてしまうと出すのが面倒に感じるので、詰め替えたりせずそのまま収納。とり出しやすく、補充もしやすい仕組みにしています。

すっきり見せるコツ

コードはクリップでまとめたまま収納

ドライヤーやヘアアイロンは、出しっぱなしだとごちゃつくので引き出しに収納しています。でも手間を減らし、すっきり保ちたいという思いでコードはクリップなどでまとめたままに。出してそのまま使える長さでまとめ、収納するときもこのままでです。仕切りにしているボックスは無印良品とセリア、クリップはセリアのコードクリップです。

子どものもののお片づけはやめました

以前は子どもたちの荷物のお片づけは私がやってあげる生活でした。でもそれでは成長にはつながらないなと思ってやめました。そこで片づけやすい仕組みを作ることに。子どもの目線にバッグをかけるフックと、バッグの中身を出して洗濯ものを入れるランドリーバッグを設置しました。慣れてできるようになったら、私自身もラクになりました。

平日の外干しをやめて家事効率アップ

共働きのため平日は夕方までいません。そのため、外干しをやめて室内干しがメインです。出し入れの手間や、急な雨や花粉などの心配もないです。そのかわり乾きやすく、片づけやすい仕組みを作っています。DIYで窓枠に物干し竿をかけられるものを設置。ピンチハンガーなど洗濯グッズは出しっぱなしでもシンプルに見えるものを選びました。

手放せないもの

ダイニングテーブルは必要なものを置く派

ダイニングテーブルの上は何も置かないことが理想……？　我が家では決してそうではありません。ティッシュ、ふりかけ、しょうゆ、リモコン、コースター、アルコールスプレーなど必要なものは置いています。家族が使いやすいから。使いやすいということは、片づけもラクということです。出しっぱなしになることもありません。

水きりかごは置くほうが家事がはかどります

我が家は水きりかごなしでは生活できません。食事のあと一気にまとめて洗いものをするからです。食洗機には入れられないフライパンや鍋、大きな食器もあるので、やはり欠かせません。愛用しているのはKEYUCAのもの。まな板置きがあるので便利。ステンレス製なので、ぬめりやサビの心配もありません。もう何年も使っていますが、清潔に保てています。

ルーティン家事のアイロンは隠しません

アイロンがけ、本当は好きではありません。だから少しでもラクになるように考えます。以前はクローゼットに収納していましたが、出し入れがそもそも面倒だったので、室内干しスペースにまとめて置くように。リビングに置くと生活感が出やすいですが、色を統一すればすっきりまとまります。これで洗濯～アイロンがけがスムーズになりました。

column
❶

防災グッズの持ち方

DAHLIA★さん（@dahlia.dahli）

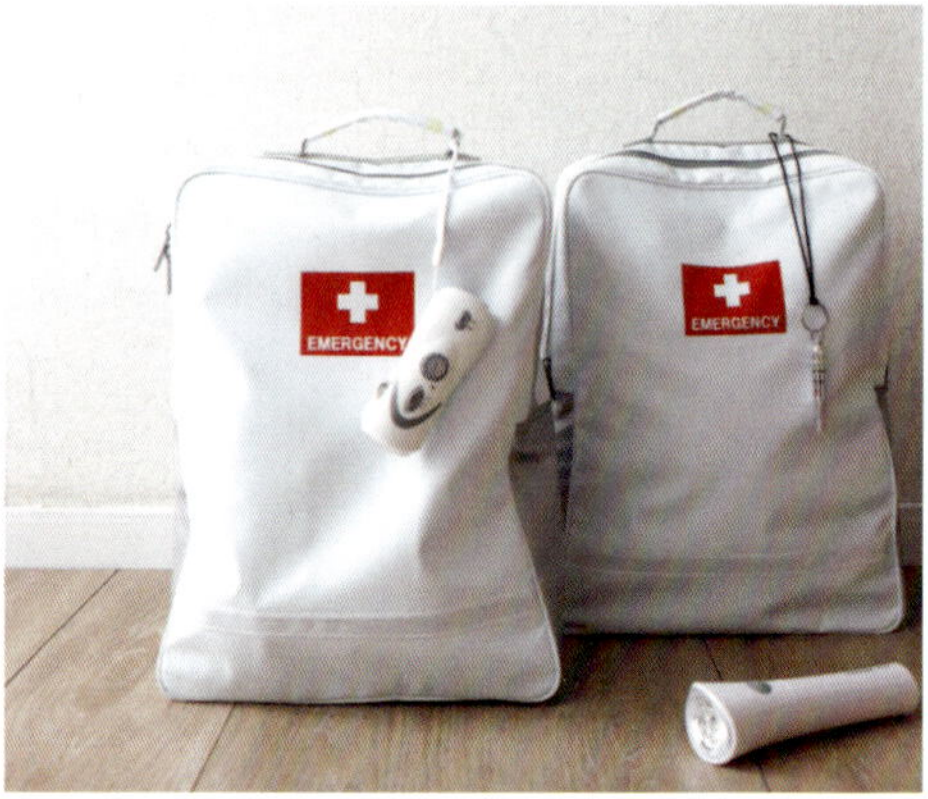

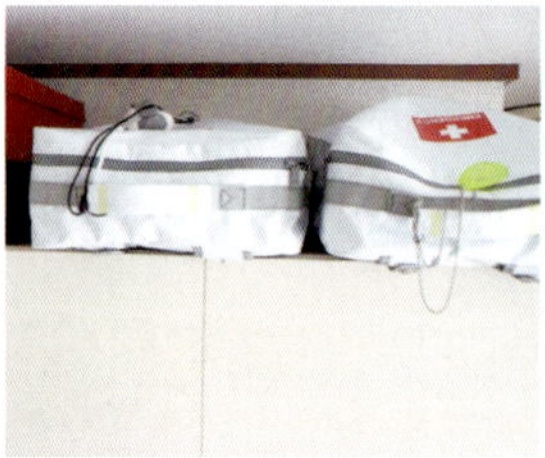

シンプルデザインの
防災リュックを常備

いざというときの備えは、防災セット。保存水、パンの缶詰、簡易トイレ、アルミブランケットなど避難生活に必要なアイテムが30点まとめられたリュックです。グッドデザイン賞を受賞したシンプルなデザインがお気に入り。置き場所は、玄関から一番近い靴箱の上です。ヘルメットと懐中電灯は、玄関へ向かう廊下の壁に引っかけています。
毎年防災の日に賞味期限や電池などをチェック。賞味期限はひと目でわかるよう、日付をふたに記入しています。

Kaoriさん（@kaori.y.t）

食品はローリング
ストック方式です

非常用の食品をストックするとなるとかなりの量が必要になるため、我が家はローリングストック方式に。普段から食べられる、賞味期限が長めの食品を多めに買っておき、食べたぶんだけ買い足すようにしています。このスペースは、すっきり見せるよりも「賞味期限がわかりやすい」ことを優先。上の段には紙皿などを置いています。

CHAPTER

02

持たないもの、
やめたこと
アイデア集

riamo* さん

カレンダーと掛け時計やめました

我が家には、壁掛け時計と、カレンダーがありません。なくしたきっかけは、室内壁のリフォーム。工事前にとりはずしたとき、白い壁がとてもすっきり見えて、「あれ、もういらないんじゃない？」と気づきました。ずらずら並んでいる数字や、家族の予定が書いてあるカレンダーがとても邪魔なものに見えてきました。それに壁掛け時計には、ホコリもたまります。時間は手元のスマホでいつでも確認できます。我が家にはこのスタイルが合っているようです。

こたつのないリビングが好きです

大きな布団が鎮座するこたつが苦手です。布団をよけて掃除機をかけるのは、私にとってハードルの高い作業。電気ひざかけなら、小さくたたんで片づけ完了です。おまけに電気代もとても安くてあったかい。無印良品の羽織れる電気ひざ掛けを愛用しています。あとは愛猫とウールストールがあれば大丈夫です。

カーテンはロールスクリーンにチェンジ

ものを持たない暮らしをしていて気になってきたのが、カーテンの存在。開けても閉じても、なんだかすっきりしない。もっさりするカーテンをやめて、白の調光ロールスクリーンに変更しました。スクリーンの高さによって、光の量が調整できます。カーテンの曲線より、ロールスクリーンの直線がすっきりと見える気がします。

家族の人数ぶん以上の食器は持ちません

以前は大きな食器棚があり、使っていない食器もありました。たまにしか使わないので、いざ使うときには、うっすらとホコリが……。お気に入りの食器だけを持とう！と決めて、数を減らしたら食器棚も小さくなりました。4人家族なので、皿やコップは4つずつ。割れたら困るからと、ひとつ余分に買ったりもしません。

ごちゃつきの原因はプラスチックでした

洗濯ばさみや物干しは、プラスチック製からステンレスに替えることでとてもすっきりしました。ベランダがなんだかきれいに見えないのは、ピンクやブルーの色とりどりのプラスチックの色のせい。カラーってとても大事なのだと実感しました。ほかのものも、どうしてもプラスチックしかないという場合は白を選ぶようにしています。

coyukiさん（@coy_uki）

ベッドを手放してマットレス生活に

ベッドを手放し、マットレスを使うようになりました。部屋は広く使えるし、マットや布団を整えることが面倒かなと思っていましたが意外に負担には感じていません。むしろ干したりカバーを洗濯したりする回数が増え、心地よさも増しました。

使っているのは東京西川ボナノッテのマットレス。立てて風を通せるし、三つ折りにすればコンパクトになり、クローゼットにしまっておけます。湿気が気になるので、床にロール式すのこを敷いて使っています。

寝具カバーの予備は持ちません

春夏秋冬、1年通してリネンのカバーで過ごしています。以前は真冬だけマイクロファイバーのカバー兼毛布のタイプに替えていましたが、使わない季節に保管スペースをとるためやめました。収納の場所をとらなくてすむし、お洗濯の乾きも速くなりました。ちなみに羽毛布団も年中出しっぱなしです。

専用洗剤を持つのはやめました

ナチュラルクリーニングを知ってから、使う洗剤の種類が減りました。持っているのは洗濯用洗剤ひとつ、食器用洗剤、セスキ炭酸ソーダ、重曹、クエン酸、酸素系漂白剤。おしゃれ着洗い専用洗剤やキッチンの油汚れ落とし、クレンザーやトイレ・お風呂用洗剤、カビクリーナーなどは不用になりました。ストックの場所もとらなくなったし、たとえ切らしたとしても、食器を重曹で洗ったりとほかで代用できるメリットもあります。

手間のかかるふきん、ゴミホルダーはやめました

ふきんの風合いは好きですが、使ったら洗う、干す、しまう……、という手間に比べると、ペーパータオルはとても便利です。使いきったら潔く処分できるので、気持ちの面での負担も減りました。生ゴミを入れる三角コーナーはずいぶん前にやめていますが、そのかわりに使っていた専用ホルダーや小さなバケツなども撤去。マグネットで壁面に袋をくっつけておくだけにしました。以前はそのホルダー自体を片づける動作があったのですが、マグネットにしてから不要になりました。

gomarimomo さん（@ gomarimomo）

大きな家具はほとんどありません

ソファ、テレビボード、ダイニングテーブルとイス、ベッド……。大きな家具は極力減らしたいと思い、この2～3年で少しずつ処分しました。今まであったのが当たり前だったので、減らすのは少し不安でした。でもなくしてみたら部屋が広くなり、掃除もしやすく快適です。

はじめに処分したのはダイニングテーブル用のイス。家族がそろって食事することが少なく、あまり活躍しなかったためです。

ダイニングテーブルのかわりは、折りたたみローテーブル

ダイニングテーブルを処分してからは、ローテーブルで食事することにしました。無印良品の折りたたみローテーブルです。シンプルで気に入っています。

同じものをふたつ購入しました。必要に応じてひとつだけ出したり、両方出してつなげたり。基本的には食事や何か作業するときだけ出して、普段はしまっています。テーブルがないと部屋を広く使えるので、猫や赤ちゃんが走り回れる空間になりました。

食洗機を導入して、スポンジをなくしました

食器洗いの手間を減らすべく、食洗機をとりつけることに。これで食器洗いスポンジを処分することができました。食洗機を入れたことで引き出し3段ぶんの収納スペースがなくなったため、これを機にキッチンのものを整理して処分。

また便利な調理家電をとり入れることで、こまごまとしたキッチンアイテムが不要になりました。電気無水鍋のヘルシオホットクック、シロカの電気圧力鍋です。これらのおかげで大きな鍋がいらなくなり、料理もグンとラクになりました。

リビングのカーテンをなくして日向ぼっこ

リビングの大きな窓はカーテンがありません。そのおかげで洗濯の手間もなく、部屋が広く見えます。日当たりもよくなるので猫たちは日向ぼっこを楽しんでいます。強い日差しを避けたり、外からの視線が気になるときのために、ロールスクリーンを片面だけ設置。床暖房やエアコンがあるので、室温に関しても気になりません。

mamu さん（@ m035_kurashi）

ゴミカレンダー、保管するのをやめました

地域のゴミカレンダーはサイズが大きくて色もカラフル。両面あるので、保管場所にいつも悩まされていました。ある日、ゴミカレンダーアプリがあることを知り早速インストール。該当地域を登録すると、その日やその前後の収集ゴミが表示されます。もちろん紙面のカレンダーは即処分。これだけのことですが、とてもすっきり。

布団乾燥機のおかげで、ボアシーツと毛布が不用に

冬になると布団まわりのものが増殖。今まではマットレスに敷くボアシーツ、掛け布団、毛布が2セット。それでも寒ければ湯たんぽなどを利用していました。冷たい布団でブルブル震えていたのですが、布団乾燥機を購入。ダニ退治のためでしたが、布団に入る直前に5分ほど使用するようにしたらボアシーツなしでもとてもあたたかく、入眠がスムーズになりました。夫も毛布いらない宣言。これでボアシーツ2組、毛布1枚の収納スペースが空き、洗濯の手間からも解放されました。

食器洗いスポンジをなくし、ダスターにチェンジ

スポンジにはトイレほどの菌が潜んでいると知ってからは、毎日スポンジを酸素系漂白剤で除菌するようにしていました。でも毎日やるのがだんだんと負担に。そこで我が家ではスポンジを廃止してみました。使い捨てのダスターを３等分にカットしたものを１日１枚として、食器洗いに使用しています。これでシンクまで洗うので、スポンジも、シンク洗いのスポンジも、そのホルダーもありません。毎日の除菌活動から解放されて、さらにシンクもすっきりとして、とてもラクになりました。

薬箱をやめたら、ワンアクションでとり出せるように

薬や衛生用品は、テレビボードの引き出しに収納しています。薬といえば、薬箱。その薬箱の中に仕分け用の箱やケースに入れ、ラベリングをして……。すぐ使いたいものなのに、薬箱は薬にたどり着くまでのアクションや面倒が多く、私には合いませんでした。爪切りや、ハンドクリーム、耳かき、体温計などもこの引き出しに入っています。

欲しいものにすぐ手が届き、使い終わったら元の場所に戻すだけ。これだけのことですが散らかり防止になっています。

あゆみさん（@ ayumi._.201）

家族が増えても冷蔵庫は小さいまま

我が家の冷蔵庫は、ひとり暮らし用のツードア式です。4人家族の割には小さいもの。実は結婚する前から夫が使っていたものをそのまま使っています。買い替えようとも思っていたのですが、使ってみると案外気になりませんでした。食品を買いすぎることもなく、キッチンがすっきり見えて満足しています。

家族それぞれの箸やめました

カトラリーやお箸は最小限の家族人数ぶん。フォークやスプーンはもちろん、お箸もまったく同じものをそろえています。どの組み合わせでも使えるし、来客時もこのお箸で対応できるので、数が少なくても不便はありません。見た目がシンプルなものを選んでいるので、収納トレイの中でもすっきり。

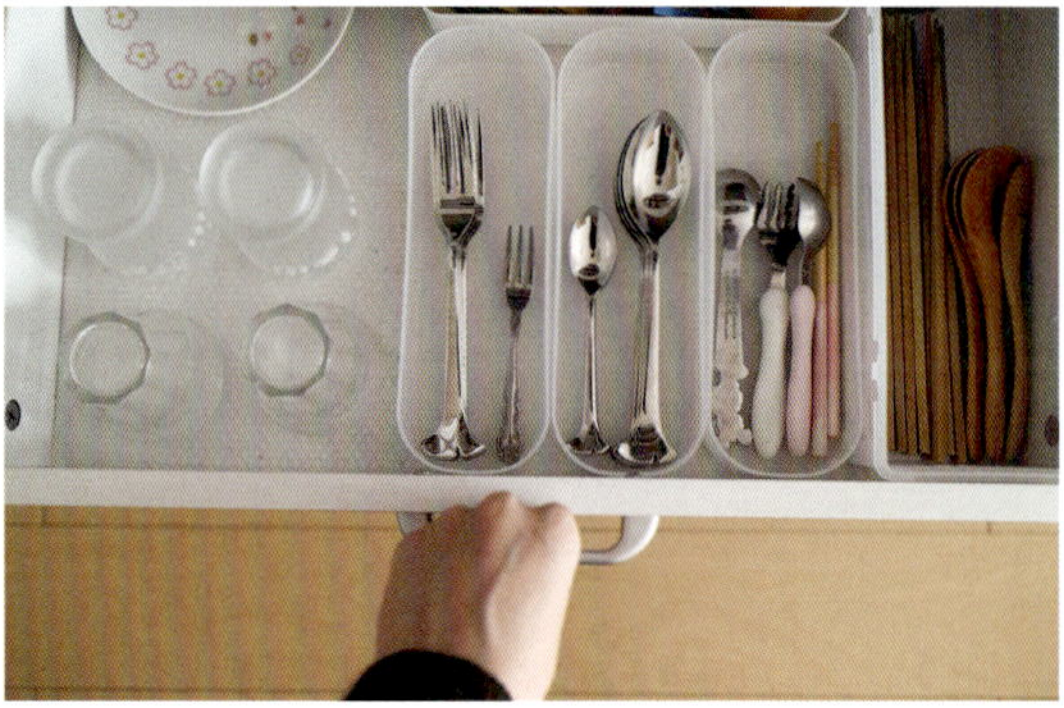

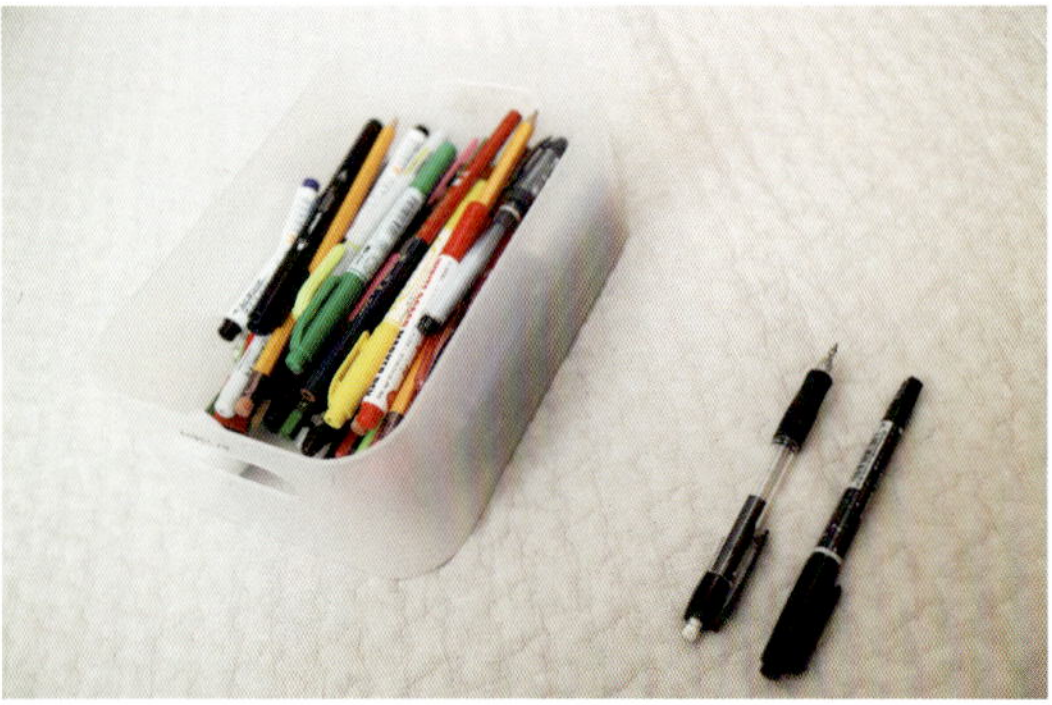

無限にあった文房具はかなり減らしました

ボールペンは、一生かかっても使いきれないくらい持っていました。文房具が好きだし、いただいたりすることも多いもの。新品だと捨てるのがもったいないと思ってしまいます。これが減らした状態ですが、まだまだ多いと思っているので、1年間置いておいて使わなかったら職場へ持ち込もうと検討中です。

食事テーブルとソファは置いていません

存在感のあったソファは古くなり、娘が飛び跳ねるようになってきたこともあって処分しました。今は座布団に座り、娘だけキッズチェアを使用しています。ダイニングテーブルはローテーブルを置きっぱなしです。たたんでしまうほうがすっきりするのはわかっていますが、出し入れが面倒なのでこのままにしています。

バスタオルをやめ
ビッグフェイスタオルに

バスタオルよりコンパクトなビッグフェイスタオルを愛用しています。コストコで購入しました。フェイスタオルは楽天市場で見つけたガムシャタオル。どちらも6枚ずつ置いています。これが家族で使う1日の枚数。毎日洗濯するので、最小限で大丈夫です。2年に1回まとめ買いをし、半年ごとに新調しています。

DVD レンタルは
しなくなりました

DVDのレンタルは、借りに行く、返しに行く手間がかかります。レンタル中の保管場所も気になるところ。そこでHULU配信サービスに切り替えました。好きなときに好きなコンテンツをすぐ選んで見られるし、必要なのはリモコンひとつです。DVDは、子どもの通信講座のものをたまに観る程度になりました。

maru* さん（@____mr.m____）

夫婦の寝室はありません。リビングのソファで寝ています

我が家には夫婦の寝室がありません。ベッドも、そして布団もありません。どこで寝ているかというと、リビングのソファです。これはニトリで購入したソファーベッド。以前使用していたベッドより寝心地がとてもいいです。そして何よりも、リビングで寝ると夜も朝もスムーズに生活が動き出します。毎日、ソファでウトウトしたらそのまま寝てしまったという感じで幸せ。我が家はリビングが中心の間取りなので、冬はあたたかく、夏もエアコン1台ですむのでエコにもなりました。

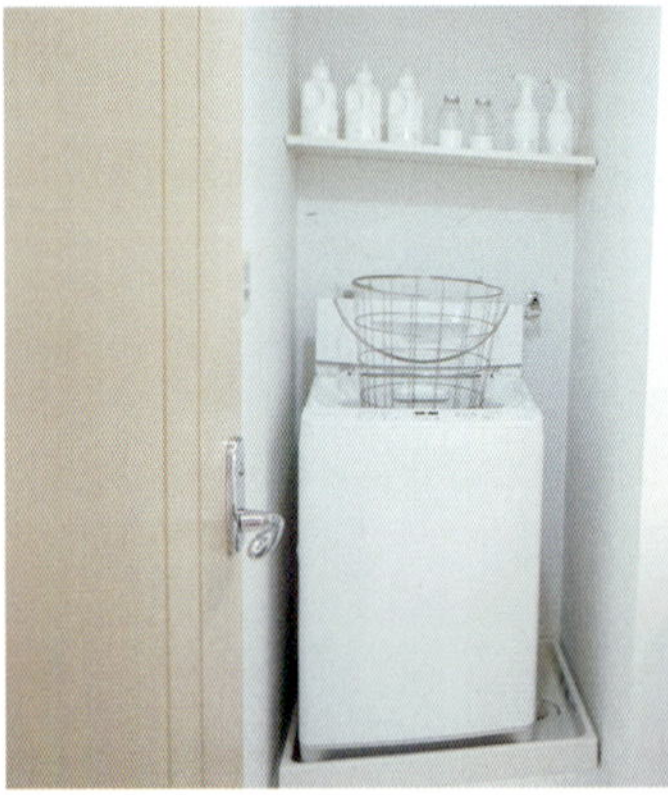

基礎化粧品はなし。子どもの保湿クリームを使います

洗面所は、大人と子どもそれぞれの使用する化粧品類がずらずらっと並んでいる印象。きれいに片づけたかったので、私の基礎化粧品は買わず子どもと同じクリームを使用しています。固定観念を捨て、兼用できるものは処分するとすっきり。子ども用とはいえ、保湿クリームで十分肌がうるおい、高い化粧品いらずで助かっています。私の肌には合っているようです。カラフルになりがちな場所ですが、置くものは徹底してホワイトにまとめています。

■ ayakoteramoto さん

ワンピース以外の服は、着るのをやめました

女性はファッションアイテムが豊富なので、クローゼットの整理が大変です。私はワンピースだけで暮らすようにしたので、本当にラクになりました。服を減らせば収納しやすいです。

オンシーズンのワンピースとアウターはハンガー収納、それ以外はたたんでしまってあります。スカートやパンツは1枚もないので、収納スペースもすっきりしています。ワンピース暮らしはもう7年ほど続けていますが、やめられません。特にマリメッコが好きです。

バッグは増やさず
色違いを活用します

バッグが大好きです。といってもむやみに増やさずに使いやすい形のものを色違いで購入したりしています。使い心地が同じなのでラクちん。マリメッコのショルダーバッグは特にお気に入りで、色違いで2つ持っています。IKEAのSKUBBボックスに、厚手の紙袋を仕切りがわりにして収納しています。

hina さん（@ hina.home）

ベッドをやめ、布団生活にスイッチしました

子どもがベビーベッドを卒業するころ、布団生活になりました。ベッドの下にたまるホコリを気にしなくてもいいし、毎日布団を干すので湿気はたまらず清潔に保てていると思います。すのこなどは敷かず、我が家はそのまま。床暖房が入っているため、ホットカーペットのようにあたたかいです。朝起きると布団干しにかけて湿気とり。布団干しは持たないという人もいると思いますが、日中の布団置き場として、また日を均等にあてるため我が家では必要なものです。

色柄つきやおもてなし食器は処分しました

毎日使うお茶碗、汁椀、平皿、サラダボウル、ラーメンどんぶり、カレー皿、小皿を家族が使うぶんだけ。割れたときに買い足すので、今以上に増やしたりはしません。色は白に統一。見た目もすっきりを意識しています。子ども用のキャラクター食器は引き出しの中に。

柄がうるさいものや、色とりどりの食器、出番の少ない食器はマイホームへの引っ越しのタイミングで処分しました。カトラリーやお箸も家族の人数ぶんで最小限にしています。

■ 花田朋亜さん（@ tomoa.jp）

子育て中の今は、高価な服は必要ありません

昔は他の人の目を気にして服を選んでいました。いっぱいあるのに、ありすぎて着るものがないという矛盾した状態。自分が着たいから、など基準を人から自分に切り替えてからは、持ちすぎを防げるようになりました。お気に入りだけに絞ったつもりでしたが、子どもが生まれてからは、無意識のうちに高価な服を避けるように。育児中の今の私には、奮発して買った服はうまく扱えないということに気づいたんです。

高価でなくても、着心地がよくて、動きやすくて、汚れても破けてもショックのない価格でお気に入りがあればそれでいい。今は汚れた滑り台を一緒に滑りながら子どもと笑顔を共有することのほうが、服を気にすることよりずっと幸せだなと思います。

バッグは育児中の今に必要なものを３つだけ

かつて服やバッグをゴミ袋20袋ぶん捨てたことがある私。大量にあったバッグも思いきって処分しました。今あるのは、マザーズバッグ、近所に買い物に行くときのトートバッグ、お出かけ用の小さなななめがけショルダーバッグだけ。どんな服にも合う、プレーンなデザインの3つに絞り込みました。

Kaori さん（@kaori.y.t）

書類の「とりあえず」置き場をなくしました

DMは、残すか処分するかをその日のうちに判断。以前はとりあえず置き場があったのですが、一度そこに入れてしまうとたまっていくいっぽうでした。子ども関係の予定表はスマホのお便りboxというアプリで管理。取扱説明書は厳選してファイルにしまい、給料明細や光熱費の請求書などは1年ぶんだけとってあります。

洗い替え用カバーやシーツは持ちません

我が家では寝具の洗い替え用シーツなどは用意していません。寝具はダニ対策も兼ねて、まとめて洗濯してコインランドリーで高温乾燥するようにしています。なので洗い替えは必要なく、掛け布団カバーと敷きパッドは春夏秋用と冬用の2種類だけ。それだけでも寝具収納スペースにだいぶ余裕ができました。

便座＆ふたカバーはないほうが掃除しやすい

それがないことで暮らしが豊かになるかどうかが、処分する判断基準です。例えばトイレの便座カバーやふたカバー。我が家では、ないほうが拭き掃除がしやすいのでとりはずしました。けれど、クッションフロアの床に水滴がつくと掃除が大変なので、トイレマットは使っています。スリッパは来客時のみセット。

■ Emiさん（@ emiyuto）

デロンギのオイルヒーター、やめました

空気を汚さず、乾燥させず部屋があたたまるデロンギヒーター。子どもが生まれたときに購入しましたが、電気代とのバランスがとれず、だんだん使わなくなっていました。高価なものだったのですが、使っていないなら場所をとるだけなので処分。エアコンをうまく使い、こたつとホットカーペットで暖をとっています。

面倒で重たいコード式掃除機は処分

コードがあると1カ所のコンセントでは部屋全体を掃除できず、いちいちコンセントを差し替えるのが面倒。コードが家具に引っかかるのも気になっていました。床掃除はルンバと、マキタのコードレス掃除機で十分事足ります。さっと出して掃除機をかけられるので、毎日のちょこちょこ掃除が苦じゃなくなりました。

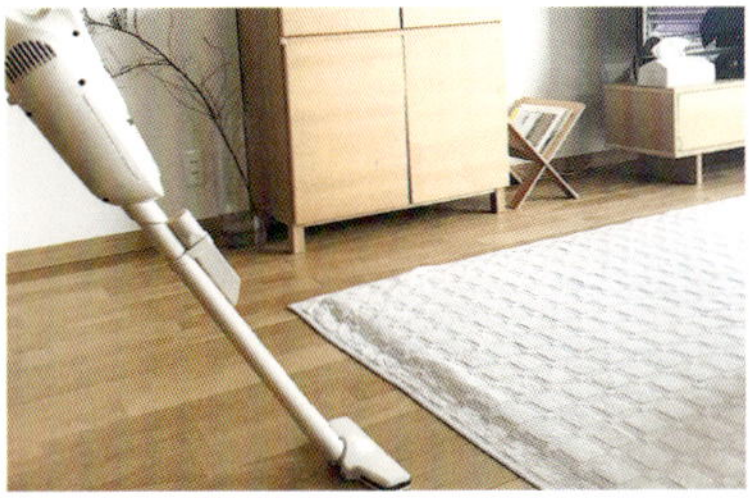

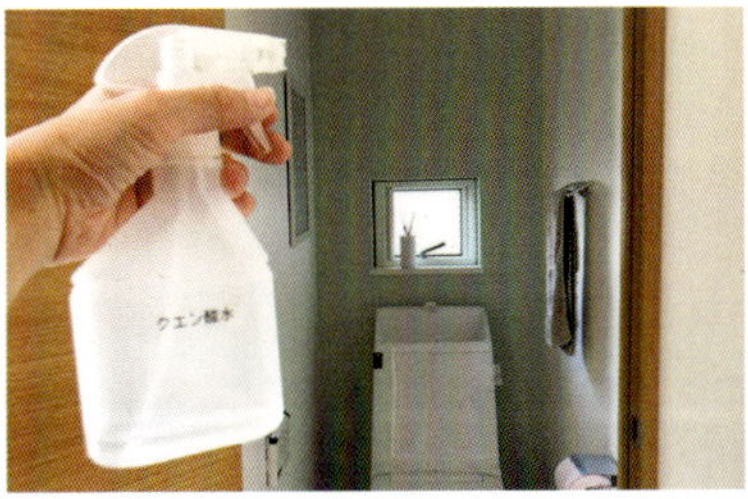

3つの洗剤があれば 専用クリーナーは不用に

以前は、トイレ用洗剤、お風呂用洗剤など、場所ごとに分かれた市販の洗剤を使っていました。これらをやめ、どの場所でもどんな用途でも使えるナチュラルな洗剤にスイッチ。重曹、セスキ炭酸ソーダ、クエン酸を使うようになりました。体にも地球にもやさしく、収納場所もスマートになっていいことだらけです。

nuts_icube さん（@nuts_icube）

どんどんたまる割り箸やお手拭き、処分したらすっきり

昔はなんでもためこむ性格だったので、もらったら捨てずに保管しておくタイプでした。キッチンを整理したら、コンビニでもらった割り箸や使い捨てスプーン、もう乾燥してしまったお手拭きなどが大量に出てきました。あると便利だからと思っていても、実際はそれほど使わず不用なものが、キッチンにはたまりやすい気がします。
常に使わないものはなるべく持たない、置かない。ものを減らすと収納に余裕が出て、ものがあふれたり出しっぱなしにするということもありません。

After

Before

造り付けの本棚を撤去しました

リビングにはもともと、ハウスメーカーオリジナルの造り付け本棚がありました。これ自体はとても便利なのですが、我が家の場合はリビング、それも一番目立つ位置につけてしまったため、ここがごちゃつくと、散らかりがかなり目につくように。扉がなく、棚の幅が浅いため本以外を収納するのが難しく、築5年にして思いきって撤去リフォーム。収納は減りましたが、そこにおさまっていたものを整理整頓できたため、結局はなくてもよかった収納だったことがわかりました。

camiu.5さん（@camiu.5）

After

Before

テーブル、ソファ、テレビボード全部やめました

我が家はペニンシュラキッチン。この特性を生かしてカウンターで食事をとることにしました。そのおかげで、大きく場所をとっていたダイニングテーブルを撤去することができました。リビング学習のために置いてあった補助的な白い机を置いています。家族5人がそろって食事する機会も少ないため、問題なし。リビングを広々と使えるようになり、家族みんなが喜んでいます。大型ソファもなくし、無印良品の体にフィットするソファにチェンジ。テレビも壁掛けにしています。

オーブントースターは使っていません

オーブントースターは、1年以上前に壊れたときから新たに購入していません。魚焼きグリルを使ってパンやグラタン、お総菜のあたためをしています。特にお総菜はグリルのほうがサクサクに仕上がるのでおいしいです。こうして空いたカップボードの上スペースは、食器の一時置き場として使っています。

coyukiさん(@coy_uki)

捨てにくいものは寄付します

手放しづらいおもちゃやぬいぐるみは、セカンドライフという不用品寄付団体へ送りました。手放すのになるべく費用はかけないようにしたいけれど思い入れのあるものは、寄付という名の費用をかけたことで踏みきれた気がします。

nuts_icubeさん(@nuts_icube)

処理場に持ち込めば割引に

まだ使えそうなものやきれいなものは、リサイクルショップに持ち込みますが、ボロボロになったソファなどはゴミ処理センターに持ち込んで処分。私が住んでいる地域では、持ち込みだと大物でも数百円で処分できたりするので活用しています。

Kaoriさん(@kaori.y.t)

フリマサイトの利益はお小遣いに

片づけは、自分になにかメリットがないと続けられません。私の場合、不用品をフリマサイトで売り、その利益を自分のお小遣いに。そうすると逆に売れるものはないかなぁ〜と家じゅうを探し回るようになって、いつの間にかものも減っていきました。

gomarimomoさん(@gomarimomo)

手放すものは、値崩れしにくいものを

フリマアプリや買い取りサービスは、取り引きや梱包などに手間がかかる割に価格が低いことも。なので、高値で売れるよう値崩れしにくいものを選びます。ベビーベッドは手放すことが確実だったので、人気メーカーのものをきれいに使いました。

Kaoriさん(@kaori.y.t)

ものを入れる場所を減らしました

入れる場所があると簡単にものは増えていくので、我が家はまずリビングに置いてあったチェストをなくしました。ものを片づけられる場所が限られるので、そこに入るぶんだけ。本当に必要なものだけを厳選して残せるようになりました。

あゆみさん(ayumi._.201)

調理道具は、多用途に使えるものを

キッチンツールはほかのもので代用できないかどうか考え、なるべく持ちものを少なく。我が家のボウルは3WAYで、洗う、さらす、水きりがこれひとつでできて便利です。おかげでざるを処分することができました。藤井器物製作所のものです。

あゆみさん(@ayumi._.201)

買い物を減らせば、ものは自然に減る

食料品の買い物は週1回。生活用品はネット通販で月1回。以前はなくなれば買い足して、週3回ほど買い物していたので行くたびにものが増えていました。ムダづかいが減り、今なにが残っているのか在庫の把握もできるようになったと思います。

coyukiさん(@coy_uki)

家族が処分することも想定して整理

ものは譲る、リサイクルショップに売る、処分場に運ぶなど、いずれにしても家から出しますが、私に万が一のことがあったとき、それを処分することになる娘の立場で考えるように。シンプルにしておくほど、後始末する娘がラクだと思っています。

maru*さん(@____mr.m____)

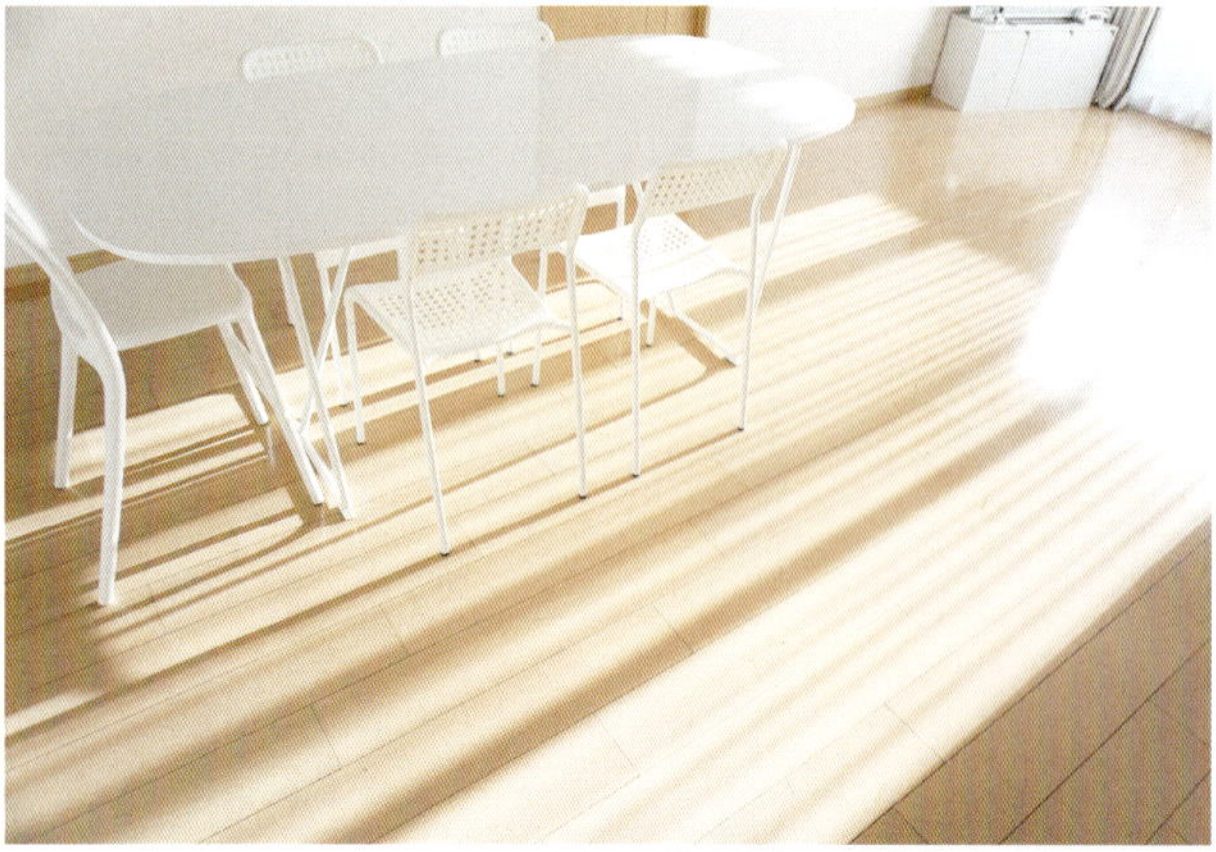

光がまっすぐ部屋に入ってきます

リビングの大きな家具は、ダイニングテーブルとチェア、ソファだけ。ものが少ないと、太陽の光がまっすぐ入ってきます。西日がじゅうたんみたいになるこの光景がお気に入り。また、とにかく掃除がラク。どかさなくても掃除ができるようになりました。おしゃれにインテリアを飾っていた時期もありましたが、掃除のたびに動かすのが本当に面倒でした。今はいろいろなところがさっとひと拭きできれいに。

maru*さん(@____mr.m____)

部屋が空いていればなんでもできます

リビングつながりの和室は、なるべくものを置かないようにしています。洗濯ものをたたんだり、ゴロゴロしたり、子どもたちが遊んだり……。なんでも部屋な和室。ものがないって快適です。収納はふすまをとりはずして、カーテンで開閉できるように。ものの出し入れもスムーズです。押入れ内の掃除もラクちんに。天袋は空っぽです。

nuts_icubeさん(@nuts_icube)

ムダなものを買わなくなりました

ものを捨て、持ちものを少なくしたことで気持ちもすっきりしたら、買い方にも気をつけよう!と思うようになりました。雑貨などムダなものを直感でバンバンと買わなくなったことは大きな進歩。ムダづかい防止になっています。

あゆみさん(@ayumi._.201)

探しものがすぐ見つかります

家の中で探しものを求めてうろうろすることがなくなりました。書類を雑に置いていたときはしょっちゅうなくしものが。今は1ファイル1案件で仕分け、整理してから収納します。自分自身はもちろん、夫でもひと目でわかるようになりました。

nuts_icubeさん(@nuts_icube)

靴箱をこまごま収納に使えます

靴がほとんどないので、一部は普通の収納として使用。ここには電池や工具、外出時に必要なマスク、日焼け止め、ポケットティッシュ、予備のオムツポーチなど忘れがちなものを収納しています。靴を履いたままでもとれるので便利です。

gomarimomoさん(@gomarimomo)

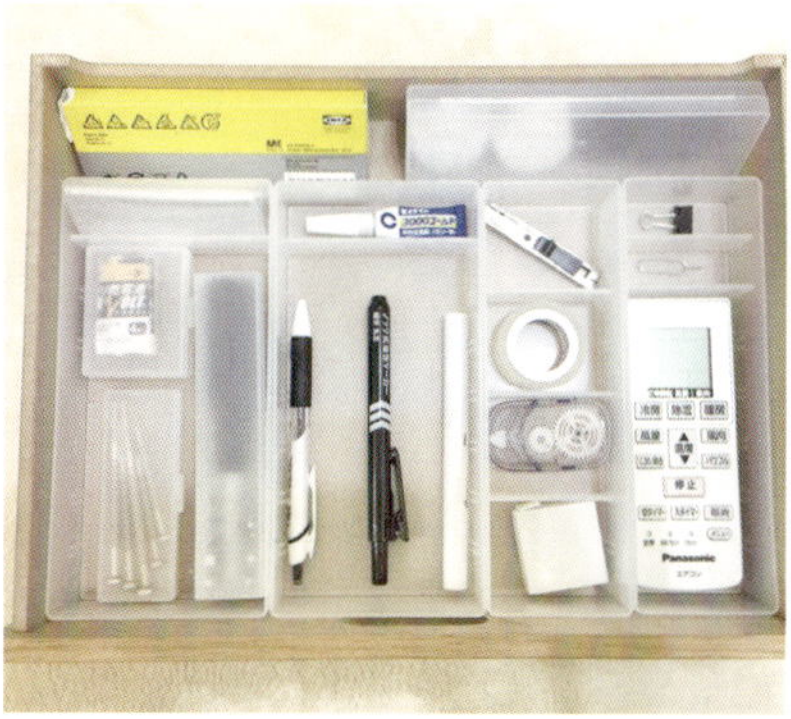

「どこ?」と聞かれなくなりました

文具や書類などたいていのものはスタッキングシェルフに収納。家族から「アレはどこ?」と聞かれることがなくなりました。ものを使ったら元の場所に戻すというアクションが面倒ではなくなったので、家族全員が自然と片づけるように。

あゆみさん（@ayumi._.201）

詰め替え＆大容量タイプを選びます

すぐゴミになるようなものを持たないために、できるだけ詰め替えタイプ、交換回数が少ない大容量のものを選ぶようにしています。ティッシュペーパーは、普通ならボックスタイプですが、その箱がすぐゴミになるためビニール入りの詰め替え用を購入。ボックスティッシュの2倍入っていて、詰め替えの手間も軽減されます。ケースはこの量が一度に入るレムノスのものを愛用。
ストックは収納場所におさまるだけにしたいので、履歴と在庫を確認しながら月1回注文です。

mamuさん（@m035_kurashi）

お気に入りのものだけをストック

ストックは消耗スピードと、すぐ買いに行けるものかどうかで量が違います。基本的にストックは持たないスタンスなのですが、気に入っていてずっと使い続けるであろう緑の魔女とパストリーゼは大容量タイプを保管しています。消耗スピードの速い紙類はある程度の量を。それ以外はなくなったらそのつど買いに行きます。

gomarimomoさん（@gomarimomo）

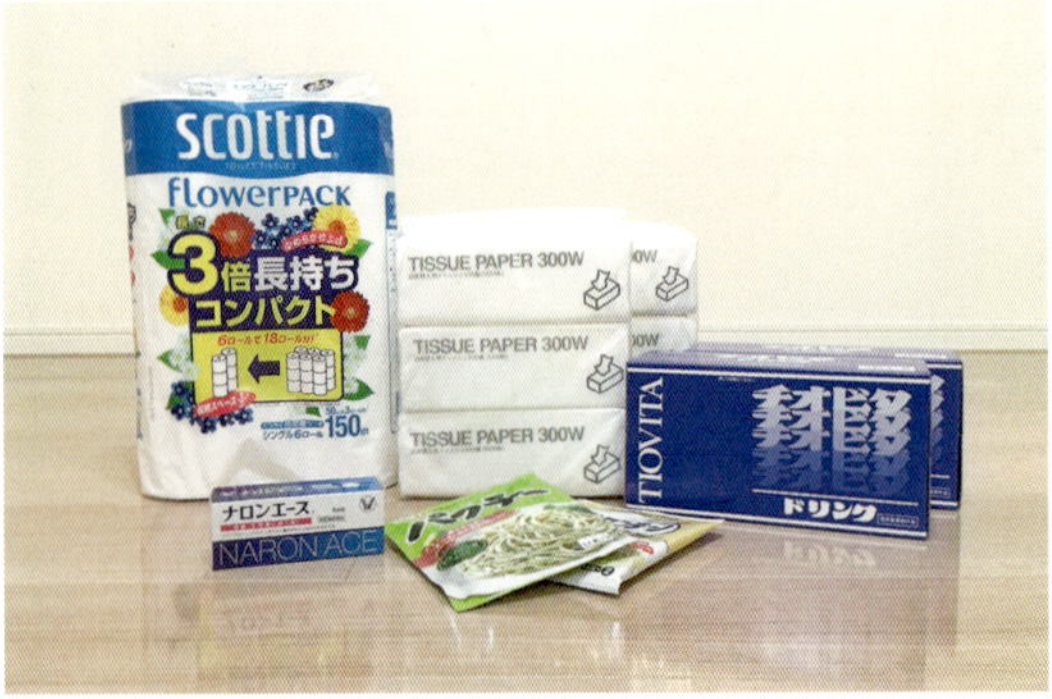

月1のネット定期便なら自動的に管理できます

ストックはもしものときに困らない程度に持ちますが、緊急性の低いものは保管しません。月1回Amazonとロハコの定期便を利用し、1カ月ぶん使う最低限の量をまとめて届けてもらっています。これで買い物に行く手間が省け、時間やお金の節約にも。特売品をついで買いしたり、お茶してしまうこともなくなりました。

emiさん(@emiyuto)

交換サイクルを決め、半年分まとめて購入

毎月1日に新しいものに交換する歯ブラシは半年に一度、家族ぶんをまとめて購入。ストックする最大容量が決まっているので、収納場所もそれに合わせた大きさを確保しています。月1の交換は、衛生面を考えて。月初だとわかりやすく忘れることもありません。そのほかのストックも場所や定量が決まっています。それぞれストックする一定量を下回ったら追加購入。シャンプー、コンディショナー類は、基本的にストックはひとつ。そのひとつを使用するときに買い足します。

coyukiさん(@coy_uki)

代用できる洗剤は ストックを持ちません

洗濯洗剤、食器用洗剤は、それ自体がなくなっても代用できるものがあるのでストックは持ちません。例えば食器用を切らしたとしたら、重曹で洗えます。洗濯も、重曹と酸素系漂白剤で洗うことはできます。なので、万が一切らしてしまっても、あわてて買いに行くことはなく、手持ちのものをつなぎにできます。

maru*さん(@____mr.m____)

安くても まとめ買いはしません

洗剤などは、基本的になくなってからか、あとわずかになってから購入します。安くてもまとめ買いはしません。次買うときにもきっと安売りしているからです。よく使うものだけを、ワンアクションでとり出せるように配置。収納は詰め込むのではなく、ディスプレイ感覚にすると使い勝手がよくなり、見た目も必然的にすっきりします。

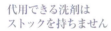

ayakoteramotoさん

おしゃれなかごや引き出しは使いません

リビングで使いそうな小物はここに一括収納しています。以前はおしゃれなかごに収納していましたが、中身の管理が大変。引き出しの多い家具もありましたが、場所をとるうえ使いにくい……。これで小物収納がコンパクトにわかりやすくなっています。収納家具は必要以上にいらないものだと実感しました。

花田朋亜さん（@tomoa.jp）

プチプラ雑貨は買うのをやめました

気まぐれで買った雑貨ばかりだったのを整理整頓。100円ショップでなんとなく買ったものも以前は多くありましたが、手放しました。それからは好きな色や素材を中心にとり入れることに。私の好みは白で、自然素材のものが使っていて心地いいな、好きだなと気づいてからは、ものを買うときの基準としています。

Kaoriさん（@kaori.y.t）

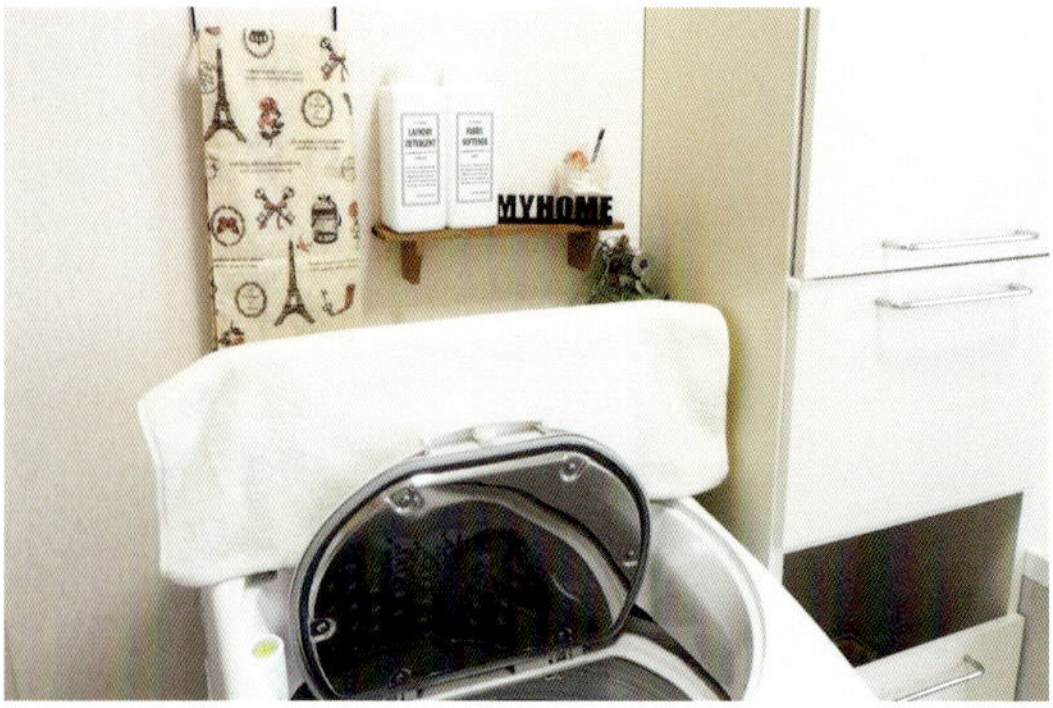

コードのむきだし、やめました

コンセントやコードは、そのままだとごちゃついて見えやすくなります。洗濯機の配線も、手ぬぐいをかけて隠すと生活感がなくなってすっきり。テレビの配線やパソコンまわりもすっきり見せるひと工夫。パソコンのルーターやWi-Fiのケーブルは、100円ショップの紙製ファイルボックスを切りとり、目隠しとして使っています。

riamo*さん

テーブルの上は、置きっぱなしを廃止

テーブルのような平面に何も置かないようにすると、部屋がすっきりと見えます。ついつい郵便物や、読みかけの新聞、ボールペンなどを置いてしまいそうになりますが、常に定位置に戻すようにしています。テーブルは本来食事をとるための場所。すぐに食事にとりかかれるテーブルが理想なのです。

maru*さん(@____mr.m____)

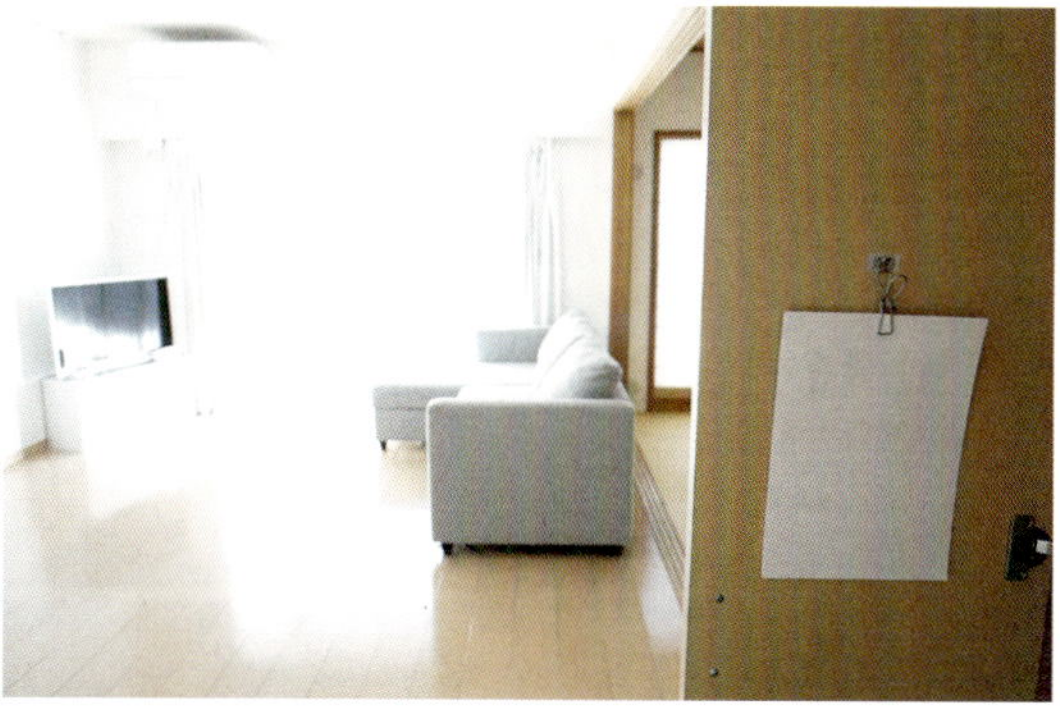

メモは机に置かず扉に貼っておきます

ちょっとメモしたいとき、どこからか出すのは面倒だし、出しっぱなしにしたら見映えがよくありません。なので我が家では扉にペタッと貼っています。さっと手にとれる高さ＆ペン収納の近くにあることで、ラクに早くメモをとることができます。少しでもストレスフリーに暮らせる仕組みを妄想するのが日課です。

riamo*さん

カラフルスポンジはモノトーンにシフト

キッチンのスポンジは、黒と決めています。使い続けてもカレーなどの色移りがないこと、生活感が出にくいことが理由。日用品はピンクや、ブルーが多くて、黒ならまだましだと思っています。今はネットで見つけたサンサンスポンジがお気に入りです。歯ブラシも無印良品のグレートーンのものを愛用中です。

mamuさん（@m035_kurashi）

シャンプーは詰め替えパックごと入れます

シャンプーボトルは、ポンプ部分が本体からガバッと大きくはずれるタイプに変更しました。詰め替えパックごと入れられるようにしています。これで液体を移し替える手間を省くことができます。何より詰め替えごとにボトルを洗って乾かさなくてもよくなったし、その間の予備のボトルが不要になりました。そのぶんの収納スペースを削減することもできてすっきり。RETTOのディスペンサーを使っています。

花田朋亜さん（@tomoa.jp）

調味料の“見せる収納”やめました

以前は統一したケースに調味料を入れ替え、使いやすいようコンロまわりに出しっぱなし。これだと油汚れでベタつき、調味料のケースまでお手入れが必要に……。手間がかかるのでコンロ下の引き出しにしまうことにしました。見慣れている容器のままのほうが視覚的にすぐアクセスできるため、容器の統一もやめました。

花田朋亜さん（@tomoa.jp）

○○部屋、と決めないことで自由度が増しました

狭い我が家、ここは○○部屋、ここは○○部屋と仕切らず、リビングの一角を子どもが遊ぶスペース兼寝室として使っています。ベッドを使わないことでスペースの確保ができるし、子どもが小さいうちは布団のほうが転落の心配もありません。ベッドだと寝室としてしか使えなくなってしまい、狭い家には向いていません。子どもが成長するまで、しばらくはこのスタイルかなと思います。布団はしまわず、すのこのまま立てかけておきます。

coyukiさん（@coy_uki）

クローゼットの床には収納ケースを置きません

オンシーズンの洋服はすべてハンガーにかけています。オフシーズンの服は棚の上のケースに入れてありますが、春夏で1ケース、秋冬で2ケースの量でおさまっている状態。床面に収納ケースは置かずにすみ、床掃除がとてもラクです。ちなみにハンガーはニットなど型崩れしにくいマワハンガーを使用しています。

Kaoriさん(@kaori.y.t)

給与を振り分け入金すれば手間が減りました

以前は袋分けして、明細も細かく記録していましたが、手間がかかりすぎて負担でした。そこで、給料をいくつかの口座に分けて自動入金するように。それぞれ引き落とされたあとは、車の口座は新車購入資金、光熱費・住宅ローンの口座は住宅修繕費、クレジットの口座は臨時出費用、学校・保育園の口座は学費用に貯蓄をしています。毎月少し余るくらいの金額を入金することで、何もしなくても自動的に多用途の貯蓄ができるようになりました。

coyukiさん(@coy_uki)

銀行口座は整理して3つに減らしました

親の口座の管理をまかされるようになって、自分自身の口座のことも考えるように。以前は4銀行に9つ口座を持っていて、月末にはATMをはしごしての出入金が小さなストレスでした。改めて整理したら不要なものが出てきたので、3口座に減らすことに。ひとつの銀行ですむようになり、管理も作業もとてもラクになりました。

gomarimomoさん（@gomarimomo）

カード決済で財布がコンパクトになりました

日々の決済はほぼクレジットカードとICカード。現金を持ち歩くのは紛失や盗難のリスクがあるし、財布もなるべく小さくしたいからです。明細で記録が残るので、家計簿も簡略化できるようになりました。クレジットカードはポイントがつくし、会計もスピーディ。メリットだらけだと思います。イル ビゾンテの財布はマチがないから薄くてコンパクト。

emiさん（@emiyuto）

予算分けの財布で
そのまま買い物へ

財布の中で予算を振り分け、シンプルにひと目見てわかるようにしました。私のつけている家計簿はほとんどメモ程度です。それよりも決めた予算内でいかにやりくりするかが大事。それができているのは、ハイタイドのレシートホルダーをやりくり財布として使っているおかげ。もらったレシートも項目別に入れておけるので便利です。

mamuさん（@m035_kurashi）

家計簿はノートでなく
エクセル＆袋分けで

我が家は、袋分け管理法を１０年続けています。家計簿は、づんの家計簿を参考にしてエクセルで管理。ノートとたくさんの筆記用具、電卓を持ってきてまた戻すという手書きより、PCを開くほうが自分に合っていたようです。出入金が明確になり、やりくりは手元にある現金で。視覚でわかるため、頭の中もすっきりです。

持たないもの、
やめたこと
私の場合

好きなものに囲まれて
すっきり暮らしたいです

もともとシンプルが大好き。ものはすっきりと心を満たすものでありたいです。不要なものに囲まれると疲れてしまいます。

とはいえ家族のものは難しいです。夫は結婚当時たくさんものを持っていたし、子どものものはどんどん増えます。家族の大切なものは捨てず、収納スペースに制限を設けて持つようにしています。特に整理整頓に気を配っているのは毎日開ける収納の中。ごちゃついているとなんだか隠しているような気持ちになるので、ものを減らす努力をしています。なるべく好きなものを選ぶと、少ないものでも楽しい暮らしになります。

ayakoteramotoさん

家族：夫、息子（6歳、3歳）
住まい：分譲マンション
仕事：イラストレーター、文筆業
［blog］ **心を楽に、シンプルライフ**
http://www.simple-home.net

ものが入ってきたときに出ていく仕組みまで考えます

転勤族で引っ越しが多いため、できるだけものを少なくするよう心がけています。子どもが大きくなるにつれ、のびのび暮らせる家にしたいとたくさん手放しました。ものは生かし方しだいで生活を豊かにしてくれるけれど、ゴミにもなります。無意識にでも日々増えていきますが、手放すのは意識的でないとできません。だからこそ、ものが入ってきたときに出ていく仕組みを作ることが必要。思い出があるものは捨てづらいですが、「今使っている」を優先。捨てるのはもったいないではなく、使わずとっておくのはもったいないと思うようにしています。

あゆみさん

家族：夫、娘(3歳)、息子(0歳)
住まい：賃貸アパート
仕事：育休中
[Instagram] **ayumi._.201**
https://www.instagram.com/ayumi._.201/

ものを手放すのは直感。子どもが暮らしやすい家に

マイホームを持った当初は、あれもこれも、ものがある状態が幸せだと思っていました。でも管理が行き届かなくなり、ふと散らかった我が家を見て「新しい家なのにもったいない、素敵な暮らしがしたい」と思うように。

ものを手放すのは直感。ときには悩むこともありますが、捨てようかと候補にあがる時点でほとんどはいらないものです。子どものおもちゃは、勝手に取捨選択ができないため難しいもの。でも好みが固まってきたのでレゴとリカちゃん人形に絞り、遊ぶのも片づけるのも快適にしてあげたいと思っています。

camiu.5さん

家族：夫、娘(8歳、7歳、5歳)
住まい：一戸建て
仕事：主婦
[Instagram] **camiu.5**
https://www.instagram.com/camiu.5/

ものは使ってこそ価値が。感謝を忘れずにいたい

ものは生きていくために必要なのはもちろん、心を豊かにしてくれます。そして使ってこそ価値があると思っています。ものを飾るセンスに自信がないし、飾ると掃除が面倒になり、清潔感を保てなくなるという思いからだんだんシンプルになりました。母の死に直面したことも、ものを持つことに対する考え方を深めるきっかけに。ものを捨てるときは「もったいない」という言葉の意味に立ち返ります。もったいないから手放さないのではなく、持っただけで使いきれていないことがもったいない。ものに執着せず、感謝を忘れないようにしたいです。

coyukiさん

家族：娘(24歳、ひとり暮らし中)
住まい：賃貸マンション
仕事：整理収納アドバイザー
[blog] ***Little Home***
http://littlehome.blog.jp/
[Instagram] **coy_uki**
https://www.instagram.com/coy_uki/

いつか使う…は絶対ありません。1年使わなかったら捨てます

子どものころ、実家がものであふれ雑然としているのがいやでした。マイホームを建てたとき、家族が気持ちよく過ごしやすい空間を作れたらと工夫するようになり、今に至ります。生活に必要なもの、心をうるおすもの。ものはこのふたつに区分されますが、必要なものも、自分の一定の基準をクリアしたものだけを持ちます。不用なものは潔く処分。「いつか使うだろう」「高かったから」は絶対使わないので、1年間使わなかったら捨てるよう心がけています。クローゼットのお気に入り服や子どもの学用品は、これから見直そうと思っているところです。

emiさん

家族：夫、息子（12歳）、娘（9歳）
住まい：一軒家
仕事：パートタイム（週に3回）
［ Instagram ］ **emiyuto**
https://www.instagram.com/emiyuto/

ものを減らしたら、家族や猫と過ごす時間が増えました

ものは必要不可欠。だけど使うためにあるのでたくさんはいりません。流行を追ったり、コレクションを増やし続けることに終わりが見えず、疲れてしまったことがミニマリストをめざすきっかけになりました。あとは猫を迎え、下の子どもが生まれたことで部屋を広く、安全な住まいにしたくて。ものを減らすことで家事もラクになり、家族や猫と過ごす時間を多く確保できるようになりました。ものを捨てるときは、それに気持ちを投影しないようにしています。ただご先祖様関連のものは捨てたらバチが当たりそうだし、子どもに継承すべきなのか悩んでいる最中です。

gomarimomoさん

家族：夫、娘（20歳、0歳）
住まい：分譲マンション
仕事：主婦
［ Instagram ］ **gomarimomo**
https://www.instagram.com/gomarimomo/

北欧系のシンプルさが目標。靴など捨てられないものも

北欧インテリアに興味を持つようになり、グレーやホワイトなどシンプルな色合いでマイホームの雰囲気を作りたいと思うようになりました。色がきっかけとなり、今は部屋自体もシンプルさを求めるようになっています。

以前はものをいつまでもとっておくタイプでしたが、結局使わないことに気づきました。洋服などは昨シーズン着なかったものは処分するようにしています。ただヒール靴はどれもお気に入りで、今子育て中でほとんど履いていないのにもかかわらず捨てることができません。大事なものなのでしまってあります。

hinaさん

家族：夫、娘（5歳）、息子（2歳）
住まい：一軒家
仕事：主婦
［ Instagram ］ **hina.home**
https://www.instagram.com/hina.home/

ものをなくすことで、家族にプラスになるかどうか

育休から仕事復帰してからは、子育てと家事の両立が想像以上に大変でした。家事効率を上げるため、家の中をすっきりさせることに。これで掃除の手間が減り、必要なところに必要なものを置けるように。見違えるように暮らしが豊かになりました。ただし、なんでもかんでも捨てるのがいいとは思っていません。それをなくすことが自分たちにプラスになるかを考えてから減らすようにしています。また、家族のものを処分するときは慎重に。ものの持ち方には個人差があるので、私の考えを夫のエリアにまで押しつけないように心がけています。

Kaoriさん

家族：夫、娘（6歳）、息子（3歳）
住まい：一軒家
仕事：パートタイム（週5回）
［Instagram］ **kaori.y.t**
https://www.instagram.com/kaori.y.t/

ものは部下。愛着はあるけれど仕事をサボったら解雇にします

ものはいわば私の相棒、部下のようなものです。人のように愛着があって、いつも自分のために活躍していて、なくてはならないもの。だけど仕事をサボったり、ただ棚の中で突っ立っていたりしたら解雇にします。妊娠をきっかけに、管理しきれなかったものを手放していきました。服、食器、雑貨の順に処分。人から素敵に思われたい、おしゃれに見られたいなど、私が買っていた雑貨や服は見栄の塊だったんだなと気づきました。今は自分にプラスになるものだけを持つことに。持つ基準を他人から自分本位に変えることが、捨てるコツかなと思います。

花田朋亜さん

家族：夫、息子（2歳）
住まい：一軒家
仕事：パートタイム（週2、3回）
［Instagram］ **tomoa.jp**
https://www.instagram.com/tomoa.jp/

減らすだけでなく、自分にとって心地いい余白を見つけたい

ものは、寝起きする、食事する、身なりを整えるなど生活の流れがベースにあり、それらをするために最低限必要なもの。加えて心がうるおい、生活を快適にするものが少しあればいいと思っています。なければないほどいいわけではないので、取捨選択しながら「自分にとって心地いい余白」を見つけていきたいです。

ずぼらなので、どうしたらラクに家をきれいに保てるかという考えがベース。キッチンホルダーなど「なくちゃいけないの？」というものを撤去したら掃除へのハードルがぐんと下がったので、なるべくシンプルに暮らすようにしています。

mamuさん

家族：夫、娘（8歳）
住まい：分譲マンション
仕事：パートタイム（週3回）
［Instagram］ **m035_kurashi**
https://www.instagram.com/m035_kurashi/

子どもの安全のため、ものを減らしたら気持ちまですっきり

　ものは、適量ならばとっても頼もしい存在。夫婦ふたりのときはストックも多く、家を飾ったりしていました。でも子どもがハイハイをし始めたころから、落下や誤飲が心配になりどんどん減らしていきました。ものが少なくなっていくとそうした不安が減り、子どもも自由に動き回れるように。何よりも掃除がラクになって、気持ちまですっきりしました。

　ものを手放すときの期限は1カ月が目安。季節のもの以外は1カ月触らなかったら思いきって処分することにしています。それで後悔したものは今のところありません。また夫婦兼用にできるものは可能な限り兼用しています。

maru*さん

家族：夫、息子（10歳）、娘（7歳）
住まい：分譲マンション
仕事：フルタイム
[Instagram]　**____mr.m____**
https://www.instagram.com/____mr.m____/

買う前に立ち止まって検討。お気に入りだけに囲まれたい

　ものはありすぎてもなさすぎても生活しにくくなってしまいますが、お気に入りのものに囲まれると満たされます。シンプルライフのきっかけはＩｎｓｔａｇｒａｍ。すっきり暮らしている方が多く、改めて我が家のものの多さとゴチャゴチャした室内に愕然とし、少しずつ意識改革しました。以前は飾るのが好きで、ものはどんどんたまるし何より掃除が大変。それを一度見直してからは、すべてにおいて買う前に立ち止まって考えるようにしています。ここ数カ月で使ったかどうかで捨てるものは判断。どんどん増えるおもちゃと、来客時のお皿はこれから見直したいと思っています。

nuts_icubeさん

家族：夫、息子（1歳）
住まい：一軒家
仕事：育休中
[Instagram]　**nuts_icube**
https://www.instagram.com/nuts_icube/

震災をきっかけにシンプル生活へ。ものを選ぶことに慎重に

　阪神淡路大震災の体験が、シンプル生活の根底になっています。ものが一瞬にして瓦礫の山となり、せめて家の中だけは安全に暮らしたいと思ったことがきっかけです。そして金子由紀子さんの本に出合ったことで、ものを持たない暮らしへと変わりました。ものは豊かにしてくれるいっぽうで、ためすぎると暮らしづらくなります。極限までなくすミニマリストにはなれないけれど、私の後始末をすることになる娘のためにも、今の生活に不要なものはその時々で処分をしていきたいと思っています。持たないことより、ものを選ぶことのほうが実はずっと難しいのかもしれません。

riamo*さん

家族：夫、娘（21歳、20歳）
住まい：一軒家
仕事：パートタイム（週2、3回）
[blog]
やさしい時間と、もたない暮らし
http://yasasii-jikan.blog.jp
やさしい時間と、ねこ暮らし
http://blog.livedoor.jp/ame28_06/

CHAPTER

03

ものの持ち方、
すっきり
家事&習慣

maru*さん(@____mr.m____)

将来のことまで考えて購入します

子どものベッドは、いずれ部屋が分かれてもいいように2段ベッドに。できる限り長く使えるよう、見た目もシンプルにしました。ものを増やすときは、いつまで使えるか、将来どうするかまでしっかりイメージしてから購入するように心がけています。ファミリークロークも、将来バラして各部屋に置けるようひとり1台のメタルラック収納にしました。洋服は私が圧倒的に少ないのですが、おしゃれは楽しんでほしいので家族には特に制限はかけません。

お客様用は常備していません

押入れの上の段は特に置くものがないので、私のバッグだけ。ちょい置き用に空けてあります。ここで洗濯ものをたたんだりも。お客様用の布団は、我が家にはありません。いつ来るかわからないお客様のために、ものと収納場所を確保するといったお金と労力は使いません。食器もそうです。下の段はおもちゃ置き場です。

camiu.5さん(@camiu.5)

emiさん(@emiyuto)

手作りおやつの型は3つを使い回します

加工食品や添加物の過剰摂取を避け、時間のあるときはおやつを手作りしたいと思うようになりました。とはいえ道具に凝りだすとキリがないので、持っている型はすごく少ないです。ホールケーキの型ひとつ、タルト型ひとつ、小さなブリオッシュ型のみです。クッキー型や絞り袋などの製菓材料も、パントリーの箱に入るだけしか持ちません。パウンド型は持っていないので、いつも牛乳パックで作っています。小さなタルトケーキを作るときは、ブリオッシュ型で作ったりと工夫しています。

emiさん(@emiyuto)

お下がりは、必要なものだけいただきます

子どもの服は、我が家のお下がりをあげたり友人のものをもらったり。とても助かりますが、たくさんいただくと収納場所にも困るので、お互い、まずは写真で確認するようにしています。いらないものはいらないとはっきり言える仲なので、いただいて困るものが増えることもありません。

hinaさん(@hina.home)

トースターは縦型を選んで省スペース

トースターといえば横に長いものが多いですが、それだと収納場所を広くとってしまうので、我が家では縦型のスリムなトースターを使っています。縦型にしたことによってスペースに余裕が生まれ、ものを置いてもすっきり見えるのでお気に入りです。愛用しているのはAQUAのもの。

gomarimomoさん(@gomarimomo)

同じメーカーの収納グッズで統一します

写真は、冷凍庫の中。今までポリ袋で収納していましたが、密閉容器＋ラベリングへ変更しました。冷凍室は引き出しの2段式で、下の深めのスペースにはうどんなどのほか密閉容器に入れたカット野菜が。ひと目でとり出しやすいように、立てて収納しています。ダイソーのもの。同じメーカーでそろえれば、ものが入っていてもすっきり見せることができます。

coyukiさん（@coy_uki）

季節家電は
スリム第一で選びます

賃貸マンションなので、収納スペースには限りがあります。そのなかですっきり暮らそうと思い行き着いたのはスマートな季節家電。夏、冬ともにスリムなものなので、唯一の収納スペースであるクローゼットでも邪魔にならず、出番が来るまでしまっておけます。AIR SLIM タワーファンと、プラスマイナスゼロ カーボンヒーターです。

mamuさん（@m035_kurashi）

シンプル機能の
小型家電を選びます

家電を選ぶ基準は、シンプルでムダのないデザインであること。機能がシンプルであること。お手入れが簡単なことです。ファンヒーターは軽くて持ち運びやすいうえパワーも。除湿器はキャスターが360度回転することに惹かれました。デザインも機能も、お手入れもシンプル。家電にたくさんの機能や豪華さは求めていません。

gomarimomoさん（@gomarimomo）

2WAY 以上使える
ものを選びます

ものを買うときは、ひとつの使い方しかできないものは選びません。2WAY以上で、さらに軽量、薄型、折りたたみ、ポータブルなど便利なものを探すようにしています。メイクアイテムは、ルナソルを愛用。このセットひとつでアイシャドウ、アイブロウ、アイライナー、ハイライト、ノーズシャドウとして使えるため便利です。

riamo*さん

通販はお気に入り保存して一旦クールダウン

よく利用するネット通販は、欲しいものが見つかったらお気に入りリストに保存して一旦クールダウン。たくさんのレビューを読み、お手入れしてずっと使い続けたいか、そして買う理由を考えます。悩む理由が値段なら買う、買う理由が値段ならやめる。悩んだら心の中で呪文のように唱えます。高くてもがんばって手に入れたものは、きっと大切に使えるものです。

emiさん（@emiyuto）

値段でなく気持ちがプラスになる買い物を

衝動買いはせず、本当にそれが必要かどうかを考えます。たとえ値段が高くてもすごく気に入ったり、私や家にとってプラスになるなら購入。tidyの傘立て、テットトールはずっと欲しかったもので、高いので悩んでいましたが、思いきって購入。傘立てから傘が見えない理想のデザインにはなかなか出合えないので、満足です。

coyukiさん（@coy_uki）

1週間以上悩んでから購入します

食品や消耗品は迷わず買えるのですが、インテリア用品や買い替えるものは1週間以上、長ければ1年悩んでから買うことが多いです。浴室の水きりワイパーは、使用中のものが壊れたわけではないので相当長い間悩んで購入したもの。買い替えることも、どれにするかも悩んでようやくSattoのスクイジーに決めました。

gomarimomoさん(@gomarimomo)

家電のおかげで小物が減りました

洗濯乾燥機、食洗機、自動調理器を導入しました。便利家電を積極的に使うことで家事の負担が激減。特に洗濯は、干す必要がなくなりピンチハンガーを処分することができました。お金は多少かかりましたが、気持ちにも余裕が出ています。

camiu.5さん(@camiu.5)

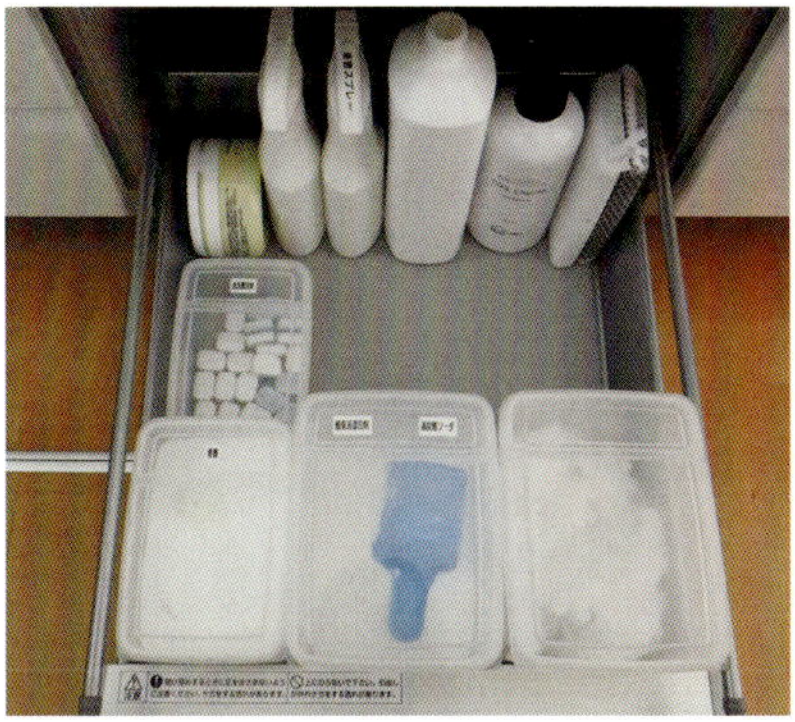

多用途に使える洗剤を活用中

浴室やトイレをのぞき洗剤は食洗機下にあるだけ。重曹、クエン酸、酸素系漂白剤、食洗機洗剤、食器用洗剤、アルカリ電解水、排水口洗浄液、アルコールスプレーです。あらゆる場所で使える万能洗剤が多いので、ほぼこれらで間に合います。

hinaさん(@hina.home)

トイレシートは切ってから収納

トイレクイックルは一度に何枚も使ってしまいコスパが悪く、掃除するのが少しストレスでした。そこでケースに入れる前に四分割したら、ムダに使うことも減りすっきり。切るのは手間ですが、掃除がしやすくなってストレス軽減です。

あゆみさん(@ayumi._.201)

余裕ある時間帯に重点的に家事

これまで朝洗濯、夕方とり込みにしていた家事を、夜洗濯、朝とり込みに変えました。夕方は忙しい時間帯なので洗濯ものの山がなかなか片づきませんでしたが、一番余裕のある朝にとり込んでたたむことですぐに終わり、気持ちもすっきりです。

mamuさん(@m035_kurashi)

ワッフルメーカーはシンプル機能に買い替えました

10年使ったワッフルメーカーを買い替えました。ワッフルとホットサンドの2WAYだったのですが、重ねられず、重くてかさばるので収納に悩んでいました。ワッフルしか使っていなかったと気づき、壊れたのをきっかけにワッフルだけ焼けるシンプル機能のものに。多機能でも使わなければ意味がなく、手間が増えるだけだと実感。

nuts_icubeさん(@nuts_icube)

シンクにおさまる
ミニ水きりかごにサイズダウン

シンク横の台の上に、大きめの水きりかごを置いていました。でも目につきやすい位置なので見た目がごちゃごちゃするし、水がたまるところもすぐに汚れてしまい、マイナス面が多かったんです。ただ、いきなりなくすと不便になりそうだったので、サイズを小さくしてシンクの中に入れることに。見た目も使い勝手もすっきりできました。

花田朋亜さん(@tomoa.jp)

ベビーカーは小さく
折りたためるタイプに

我が家の玄関はひとりずつでないと出入りできないほどの狭さ。それなのに大きいベビーカーをドンと置いていたので、本当にぎゅうぎゅうでした。そこでコンパクトにたためるベビーカー、ポキットプラスに替え靴箱の下に収納することにしました。傘立ても置くと狭くなってしまうので、傘は手すりにかけて収納しています。

gomarimomoさん(@gomarimomo)

かさばる本はやめ、電子書籍にしました

紙の本はかさばる、重たい、収納に困ってしまうことが多いので、できるかぎり電子書籍にしています。収納スペースが必要ないうえ、いつでもどこでも読めるので便利。愛用しているのはスマホとKindleタブレットです。ほかには明らかな流行ものや派手で飽きそうなもの、捨てるのに困りそうなものは買わなくなりました。

gomarimomoさん(@gomarimomo)

喪服＆キャリーケースは必要時にレンタルします

使うことが少ない喪服は、レンタルを利用しています。たとえ体型が変化してもレンタルなら問題ありません。楽天市場などで取り扱いがあり、往復送料込み5000円ほどで利用できます。普段パンプスは履かないのですが、靴のレンタルには抵抗があるのでバタフライツイストという折りたたみパンプスを1足のみ持っています。

Kaoriさん(@kaori.y.t)

ベビーベッドはデスクにリメイクしました

使う期間が短いベビー用品などは中古で買い、卒業したらフリマアプリで売っています。ベビーベッドは自分でリメイクして、子ども部屋のお絵かきデスクとして再利用。その後はキッズソファへとさらにリメイクする予定です。買ってものを増やすと処分に困るし、手作りしたものは子どもたちも大切に扱ってくれます。

Kaoriさん（@kaori.y.t）

ウォールデコで掃除の手間を省く

子ども部屋は親が管理しなくても自分たちできれいに保てるようになってほしいと思っています。そのためにしている工夫は、床にものを置かないこと。何もなければ片づけるものが明確です。だけど殺風景なのは寂しいので、ウォールデコを楽しんでいます。掃除もラクだし、かわいいお部屋で娘も喜んでいます。

Kaoriさん（@kaori.y.t）

子どもの成長記録は1年ぶんを色紙に

我が家では、子どもたちのベスト写真を1年ごとにまとめ、色紙に貼ったものを壁に飾っています。毎月整理してアルバムを作ろうと思うと大変ですが、これは1年に1回なのでがんばって作れます。アルバムにしてしまうとわざわざ出してまで見ないけど、これだと毎日目に入ります。毎年誕生日に同じ服を着て撮った写真や、その年によくやっていた遊び、本人の描いた絵などを裏に貼るといい思い出に。ちなみに飾り終わった色紙は、色紙アルバムに入れて保存しています。

Kaoriさん（@kaori.y.t）

飾るのはここだけ、と場所を決めています

家の中はすっきりさせたいけど、雑貨も大好きです。なのでエリアをここだけ、と決めてまとめて飾るようにしています。こうすれば掃除するときにもラクです。玄関とキッチン背面カウンターは自分が好きに飾れるスペースに。完璧なミニマリストにはなれないけれど、こういう心のゆとりも必要だと思っています。

ayakoteramotoさん

ウォールデコレーションは余白を意識して飾ります

ほとんどものを飾らない我が家ですが、ぽつぽつと飾っているお気に入りのものがあります。例えば、マリメッコのファブリックボード。少しだけですが、とても空間には効いているな、と思います。ものを飾るときは余白も意識。余白があれば、お気に入りのものに視線がいきます。玄関のデコレーションもミニマムに。かつては玄関に大きな本棚を置いていたのですが、捨ててすっきり。白い壁がたっぷり見えて、少しの飾りがあるのはとても気持ちがいいです。

あゆみさん(@ayumi._.201)

素敵な掃除道具を飾ります

飾るだけの雑貨はなるべく持たないようにしています。飾るとすれば、掃除用具や日用品など、実際に使っているもの。今お気に入りなのは羊毛ダスター、ミーウーリーズ。インテリアにも十分なる、素敵なデザインです。ほかにもマキタの掃除機、アルコールスプレーなどはシンプルなデザインなので出しっぱなしです。

mamuさん（@m035_kurashi）

クリスマスツリーは タペストリーに

クリスマスツリーからツリータペストリーに変更しました。ツリーを出し、オーナメントを飾り、電球をつけ、終わると片づける……。その作業も楽しみのひとつではありますが、結局私がひとりで行うことになり、ツリーの保管もかなりのスペースを占めることに。ホコリのこと、保管、飾る場所も含めるとつらくなってきました。そこでツリーは処分。タペストリー用LEDガーランドもあるので　娘もとても喜んでくれています。保管は布1枚。準備も片づけも簡単で手軽です。

hinaさん（@hina.home）

使うカラーを絞り込むとすっきりします

インテリアが好きで、小物なども置いています。とはいえ、ごちゃつくのは避けたい。すっきりシンプルがモットーです。そのためにはたくさんの色を使わない、部屋の床や建具のカラーに合わせて選ぶといいと聞いたことがあり、雑貨もナチュラルな色みのものを。ただ置くだけでなくスペースをとって飾るようにしています。

gomarimomoさん（@gomarimomo）

スタッキングシェルフは唯一の大型家具

買い物の基準は、すごく好きですごく欲しいものかどうか。リビングに置いている無印良品のスタッキングシェルフは、ひと目ぼれで購入しました。我が家で唯一の大型家具で、毎日活躍しています。使用頻度の高さ、使える期間、ほかで代用できないかどうか、メンテナンスの有無、ランニングコスト、いつか捨てるとき面倒でないか……。買い物のときに考える、これらすべてのことを満たしてくれています。

gomarimomoさん（@gomarimomo）

お気に入りの
シンプルな神棚

我が家で捨てられないもの、それは神棚です。毎年初詣のときにお札をいただいてくるので、家の中に神様の居場所は絶対に必要だと思っています。シンプルでスタイリッシュなデザインの神棚は少ないイメージですが、これはインテリアに溶け込む見た目でとても惹かれました。moconocoのものを置いています。

coyukiさん(@coy_uki)

娘の保育園時代の連絡帳は大切に保管

今24歳の娘が保育園に通っていたときの連絡帳は、手放せない宝物です。私が見られなかった時間を過ごす娘の、ちょっとした行動を書き留めてくれているのがうれしいです。写真と同じくらい大事な思い出。これらはポリエステルのふたつき収納ボックスに収納しています。DVD、写真データ、はがきなどもバインダーからこちらに移し変えました。大切な思い出の品は、無理に減らしません。ただ管理方法は時々見直して、状態が悪くなっていないか確認しています。

あゆみさん(@ayumi._.201)

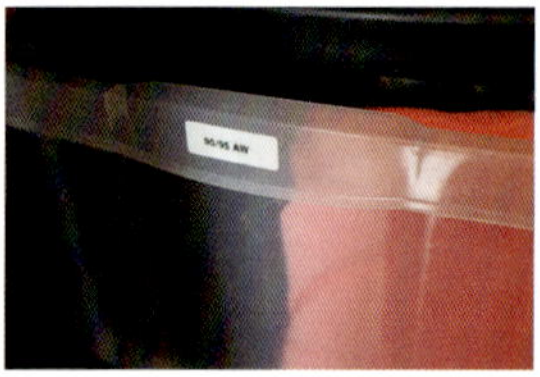

サイズアウトした服は引き出しにしまうか、スーツケースにしまっています。6段ぶん+スーツケースで、よそよりは多いかもしれません。ふたり目の子に使えそうなものは仮置きしています。

思い出も詰まっている、友人手作りのヘアアクセ

友人が作ってくれた、娘用のヘアアクセサリーは大事にしています。毎日使っているし、思い出が詰まっているので、処分することはないと思います。種類ごとに仕分けをして、お菓子の空き箱で整理。これからも増えるかもしれませんが、壊れてしまったものは間引いていくのであふれることはありません。

emiさん(@emiyuto)

家族団らんもできるこたつは譲れません

暖房温度を上げずに足元からあたためてくれるこたつは、我が家にとっては冬の必需品。ないほうがすっきりしますが、ミニマムに暮らすために寒さをがまんするのは何か違う気がします。家族団らんの場にもなります。こたつがあってもすっきり見えるように、リセット時には何も置かず、こたつ布団はきちんと直すことを心がけています。

ayakoteramotoさん

ほっと休める空間にはイスやソファが必要

何もかも捨て、ガランとした空間にすればいいわけではありません。ほっとする、休める場所が必要です。なのでソファやイスなどの家具はとても大切。多めでもいいかなと思っています。もしも減ったら、部屋は廊下のようにただ流れるだけの空間になってしまいます。イスは立ち止まれる場所。どちらもバランスよく配置したいです。

Kaoriさん(@kaori.y.t)

毎日使うトースター、ケトルは処分しません

持ちすぎない暮らしを心がけていますが、ものを減らしすぎて暮らしが不便になっては意味がありません。トースターやケトルは、我が家では使用頻度が高いためこれまで通り愛用。まとめて置くことでキッチンがすっきり見えます。トースターは朝以外はランチョンマットをかけ、生活感が出るコンセントもタペストリーで隠します。

hinaさん(@hina.home)

北欧食器だけはこだわりがあります

普段使う食器はブランドなどを気にせず使いやすさ、シンプルさ、白という点で選んでいます。でも趣味は別。矛盾していると思われるかもしれないけれど、イッタラやアラビアなど北欧の食器を集めるのがとても好きです。本当に気に入ったものがあったときのみ購入しています。子どもが割る心配がなくなったら存分に使うつもりです。

花田朋亜さん(@tomoa.jp)

ティーセットは幸せになれる大事なものです

我が家で多すぎるものはティーカップ&お茶グッズ。ティータイムが好きなので、オープン棚はほとんどティータイムグッズで占領されています。好きなものまで減らしすぎると気持ちまですり減るため、ストイックになりすぎず、これは自分にプラスになるものだ！と思えば捨てません。とはいえ、棚におさまるぶんだけにしています。

mamuさん(@m035_kurashi)

食器は私にとって「プラスα」のうるおいです

ものを買うときは、生活の不便を改善するためなのか、心のうるおいを求めるのかを冷静に判断します。私は器が大好きなのです。器の力で質素な食卓が華やかになり、食に対して丁寧に向き合える手段でもあると思っています。なので私にとって器は「プラスαのうるおい」。つい買い足したくなりますが、冷静になるように心がけています。

ayakoteramotoさん

お気に入り食器だけ持てば心が満たされます

すっきり暮らすためには、まず好きなものだけを持つこと。そして収納場所のキャパオーバーになるほどのものは持たないことです。食器はお気に入りの本当に好きなお皿を厳選し、手元に残しています。好きなお皿でごはんを食べると心が満たされます。食器棚がすっきりしていて、かつ好きなお皿ならとても幸せな気持ちになります。

column ❷

家族のものの扱い方

mamuさん(@m035_kurashi)

置きっぱなし、が多い夫の帰宅後をシステム化

我が家の場合、散らかる原因はたいてい夫。帰宅するとスマホ、財布、時計などを無造作にテーブルに置き、脱いだ洋服はソファの背もたれにかける……という夫にイライラせずにすむよう、ウォークインクローゼットに片づけシステムを作りました。財布を置く→腕時計をはずして置く、ネクタイ、ベルトを引っかける→脱いだズボンをホルダーに引っかける、脱いだYシャツをポイっとかごに入れる→部屋着に着替えるという流れが動かずにできるようになっています。

はみ出さなければ
OKにしています

家族の持ちものの収納場所は、すっきり見える形で設けますが、中身については口出ししません。ボックスからはみ出したり、あふれたりしなければOKということにしています。ここは洗面所ラック。夫のボックスは、かみそり、ハンドクリーム、ヘアワックスなど身支度グッズが入っています。中身は分類せず、ざっくり収納です。

あゆみさん(ayumi._.201)

camiu.5さん（@camiu.5）

お下がり服はなし。サイズアウトしたら手放します

3姉妹なので服は3人分。お金も収納場所も3倍かかるので、着るものだけに厳選。使うものが手にとって戻しやすい数にしています。お下がりは基本的に持ちません。だいたい3人でおそろいの服にしており、サイズアウトするころには服もそれなりに傷んでいることが多いからです。アウターはお出かけ用と、完全防寒目的のスウェットだけで1人2枚程度。以前はもっとありましたが、子どもたちが手にとるものはいつも同じなので、枚数を減らしました。

大事ボックスをリビングに各自ひとつ

おもちゃは大半を2階の子ども部屋に移し、娘のおもちゃのアクセサリーや息子のパズルなどほぼ毎日触る大事なものだけを1階リビングに置いています。テレビ収納の一角にひとりひとつずつ収納ボックスを設置し、大事なものはここに片づけてねと言っています。就寝前にはお片づけ競争をさせたりして、片づけぐせをつけるように。

hinaさん（@hina.home）

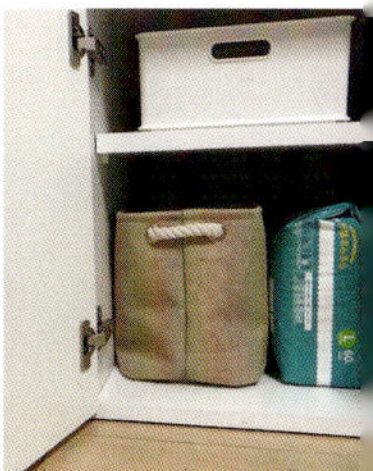

mamuさん（@m035_kurashi）

「は・て・な」引き出しで身支度をスムーズに

子どもの場合、たたみ収納だととり出すときに他の洋服をグチャグチャにすることもあるため、洋服はすべてハンガー収納。すべてを見渡すことができるので管理もしやすいです。
そのすぐ横には「は・て・な」の引き出し、パンツ・靴下の引き出しがあります。「は」はハンカチ、「て」はティッシュ、「な」は名札です。朝は、ここの一角で着替えをし、「は・て・な」、靴下をとり出し、帰ってきたらここで名札とティッシュを戻し、靴下をはき替え、ハンカチと脱いだ靴下を洗濯機に入れに行くという流れになっています。

Kaoriさん（@kaori.y.t）

工作は記念撮影してから処分します

上の子は工作が大好き。できることなら全部とっておきたいけれど、現実的に無理なので、写真にして残しています。工作や絵を入れるボックスを用意し、それがいっぱいになってもこっそり捨てず、子ども本人がいるものといらないものを決めます。処分するものは一緒に記念撮影。1年ごとにプリントアウトして、ファイリングしています。

maru*さん（@____mr.m____）

おもちゃは家族会議で処分するか検討します

こまごましたおもちゃは無印良品の引き出しに入れています。息子と娘で1列ずつ、上限を定めて、増えないよう管理。ふたりとも小学生になったので、おもちゃはずいぶん減りました。あまり使わなくなったものは、無印良品の頑丈ボックスへまとめて収納。しばらく遊んでいないようなら、家族会議を開催して手放すか決めています。

CHAPTER

04

家をすっきり見せるアイデア集

camiu.5さん(@camiu.5)

ひと箱1アイテム なら増えすぎない

このクローゼットにはガスコンロ&ボンベ、日用品ストック、工具など時々使うものと非常時に活躍するものを収納しています。仕分けには無印良品のポリプロピレンファイルボックスを利用。ひとつのボックスに1種類のアイテムを入れることで、必要なものがわかりやすく探しやすく戻しやすいです。立て収納にすることによりムダなスペースもなくせます。まだゆとりがありますが、埋めることなくイレギュラーに収納する必要が出たものをしまえるよう空けています。

riamo*さん

散らかるバッグは、フックで定位置作り

「ただいま」と帰ってきて、バッグの置き場所が決まっていないと床や机の上についつい置きっぱなしになってしまいます。我が家では通り道にフックをとりつけ、バッグの住所を決めています。これでふい置きの散らかりを防げています。壁がキズつかない無印良品の壁に付けられる家具・フック・オーク材が便利です。

nuts_icubeさん（@nuts_icubeさん）

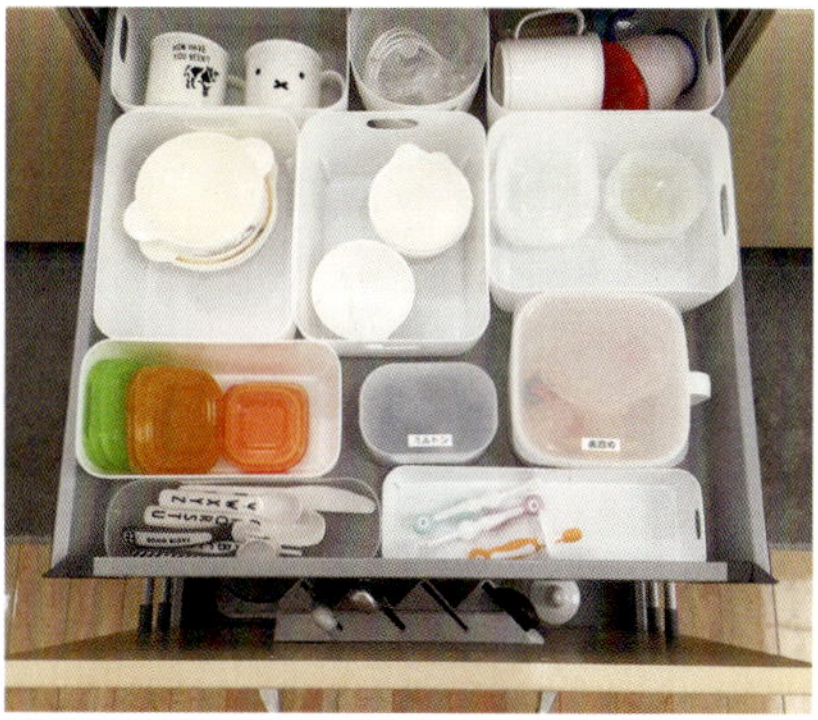

よく使う場所はふたなし、頻度が低い場所は隠す収納

我が家は使用頻度や使い方によって、収納方法を変えています。例えば洗面台の扉収納は使用頻度がそれほど高くないため、白で統一した隠す収納で見た目をすっきりと。使用頻度が高いキッチンは、収納容器のふたははずしてとり出しやすさを重視。ものの住所はなるべくしっかり決め、詰め込みすぎないように気をつけています。

riamo*さん

好みのおしゃれボトルに詰め替えます

洗剤などは派手なパッケージが多いもの。そのまま家で使ってしまうと、ごちゃっとした印象になります。なので白いボトルを選んだり、ラベルがはがせるかどうかを見極めてから購入します。無印良品はシンプルだし、マーチソンヒュームのボトルはおしゃれです。自分好みのボトルを探して詰め替えたりもします。

花田朋亜さん（@tomoa.jp）

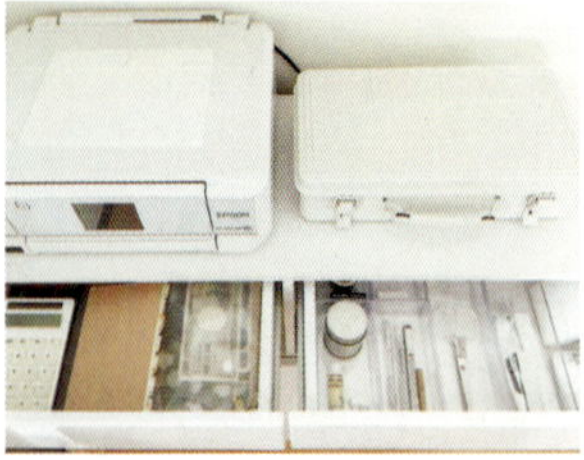

細かいものほどジャンルで分ければすっきり

我が家の生活小物はこの収納棚にまとめています。9つのスペースに2軍の文房具、プリンターのインク、電池、ひも、ビデオカメラなどをどれも細かくジャンル分けして収納しています。入れるものは半透明にして中身を見やすくしているので、ラベリングはしていません。ほしいものにすぐアクセスでき、片づける場所も決まっているのですっきり。上の引き出しは家計簿セットと文房具。真ん中の引き出しは掃除用品を収納しています。容器はセリアのもので、重ねられるため便利です。

Kaoriさん（@kaori.y.t）

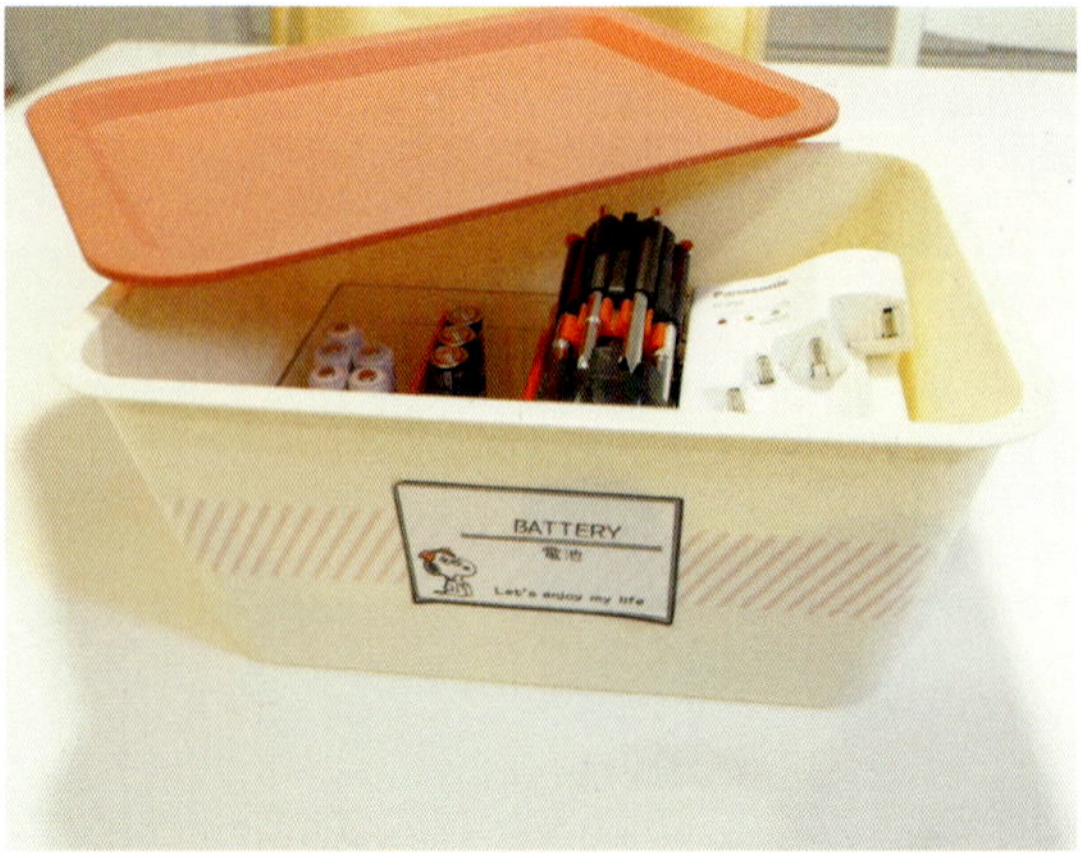

セットで使うものは一緒に収納

ものを減らすのは、暮らしを便利にするため。だから、あえて家の中にふたつあるものもあります。例えばドライバー。我が家ではおもちゃの電池交換でよく使うので、工具箱以外に電池収納の中にも入っています。以前は電池交換のたびに工具箱からドライバーを出すのが手間でした。1カ所で完結するやり方なら散らかりません。

riamo*さん

出しっぱなしの小物は色にこだわります

家の中をすっきり見せるには、まずカラーを決めること。派手な色をたくさん使うと、散らかった印象になってしまいます。白、シルバー、黒、木目……。家に入ってくる色をなんとなく決めておくことで、ものを選びやすくなりました。カラフルなことが多いお菓子のパッケージなども、隠して収納するようにしています。

あゆみさん（@ayumi._.201）

パッケージははがすだけですっきり

なんでもパッケージをはがしたくなります。ハンドソープ、食器用洗剤などを家に持ち帰ったらまずパッケージを全部はがし、一番コンパクトな状態にしておくのが習慣。しょうゆ、みりん、酒など調味料も同様です。見た目をすっきりさせるならシンプルな容器に詰め替えてもいいのですが、こちらのほうが手間はかかりません。

maru*さん（@____mr.m____）

収納にはフリースペースを確保

使う頻度の高い文房具などは、家族みんなが一番よく通る、一番長く過ごすリビングに収納しています。どの収納でも意識していることですが、ものは決して詰め込まず、必ずフリースペースを残すように心がけています。この空きスペースがあれば、急な来客があってもいろいろと隠せるので安心できます。

gomarimomoさん(@gomarimomo)

ボックスを組み合わせて引き出しに

無印良品のポリプロピレンファイルボックスとメイクボックスを組み合わせたら、引き出しができました。メイクボックスは便利で使い勝手がいいのですが、ふたがないのでホコリの侵入が気になっていたんです。でもファイルボックスに入れれば解決。軽いものなら上に何かのせられます。吊り戸棚では離乳食グッズや細かいものの収納に使用。本来の使い方とは違いますが、アイデアしだいでいろいろなところで活躍しそうです。

Kaoriさん(@kaori.y.t)

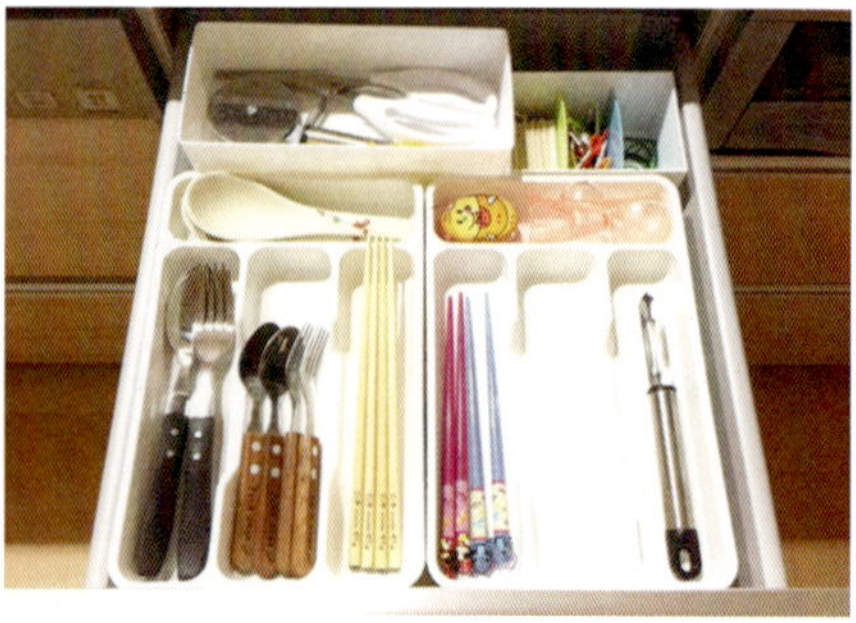

よく使う1軍は上段に、頻度の低いものは下段に

我が家では引き出しの中を2段にして、開けたときに見える部分には毎日使う1軍のカトラリーや文具を並べています。来客時のカトラリーや箸、ストックの文房具はその下のケースに収納。違う場所に保管すると管理が行き届かなくなるし、処分してしまうと困るときがあるので、この方法にしてからとても使いやすくなりました。

花田朋亜さん(@tomoa.jp)

キッチンカウンター下には有孔ボードを

キッチンカウンターは、ちょっとしたものを置きやすく、ごちゃつきやすい場所です。それに気づいてからは、カウンター下の壁に有孔ボードを設置。時計やメガネ、カギ、髪結いゴムなど、よく使う細かいものをここに引っかけて吊るしています。穴があるおかげで、ピアスも簡単に引っかけることができます。見た目もすっきり。カウンターの上にものを置かずにすむようになったので、台拭きがぐんとラクになりました。

riamo*さん

コードをすっきり隠せるチェストが便利です

長いコードがたくさんあり、ごちゃごちゃとして見えるモデムやルーター。これが長年悩みのタネでした。かごに入れて、布をかけてみてもなんだかすっきりしません。そこで、モデム収納ができるチェストを購入しました。引き出しのように見えますが、下3段目はモデム収納スペースに。扉をパタンと閉めるとすべて隠れます。コンセントを通すための穴も設置。楽天市場のGRANATAで購入した、ビスコット ドロワーテレフォンです。

ayakoteramotoさん

梁の上にCD収納用の棚をとりつけています

飾らないシンプルな部屋が好きな私に対して、夫はものを持ち、飾るのが好きなタイプ。さらに家で好きな音楽を聴きたいという夫の気持ちを尊重して、CDは無印良品の壁に付けられる家具で見せる収納にしています。デッドスペースを活用でき、床置きしなくてすむため、部屋が広くすっきり見えるのがうれしいところです。

テーブルは少し壁側に寄せると部屋が広く見えます

ダイニングテーブルは、少しだけ壁側に寄せて置いています。リビングダイニングは合わせて15畳なのですが、部屋に入ったとき、床の部分が見えれば見えるほどすっきり広く感じるためです。たとえ子どもたちが暴れ回っても大丈夫です。また、カウンターから料理をテーブルに運ぶときもスムーズに移動できます。テーブルの上には何も置きません。子どもたちが宿題をするとき、絵を描くとき、思う存分広げられるようにしています。

maru*さん(@____mr.m____)

maru*さん(@____mr.m____)

テレビ下収納はリモコン専用に

我が家のテレビリモコンは、テレビ下収納にさっと入れるだけの収納方法に落ち着きました。出したものをしまうこと、女性は当たり前のようにできますが、男性や子どもは「こんなこともできないの？」と思うことも多い気がします。出しっぱなしのものを見て毎回怒る時間がもったいない！　出しっぱなしと言わなくてすむ環境作りが大切だと思い、簡単にしまえるようにひと工夫。引き出しやテレビの裏などいろいろ試しましたが、これが一番効果的でした。

柄を減らせば視覚的にもすっきり

部屋で一番面積を占めているのはカーテンかラグ。引っ越しを機に、こうしたものからすっきり見せたいと思い、柄カーテンから真っ白なブラインドにチェンジしました。視覚的にも疲れず、すっきりした印象になりました。カーテンのときは洗濯も大変でしたが、今は古靴下で拭くか羊毛ダスターでぬぐうだけ。簡単です。

あゆみさん(@ayumi._.201)

gomarimomoさん(@gomarimomo)

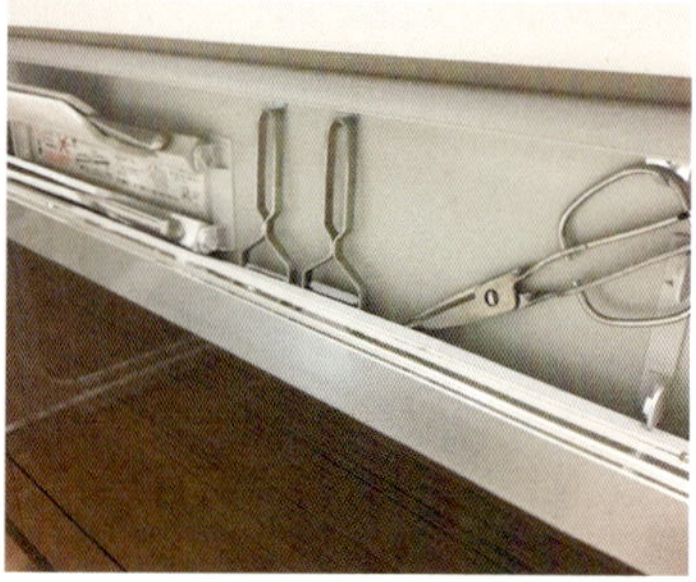

包丁収納を有効活用しています

シンクにある備えつけの包丁収納ゾーン。ここはもともと刃物が4丁入る場所です。包丁は2丁しか持っていないので、空いているスペースを何かに使えないかと思っていました。そこで右側にもともとついていた包丁ケースをはずし、ピーラーふたつとキッチンばさみ置き場にすることに。デッドスペースを有効活用できました。100円ショップのケーブルフックを使って、倒れないように軽く固定しています。

maru*さん(@____mr.m____)

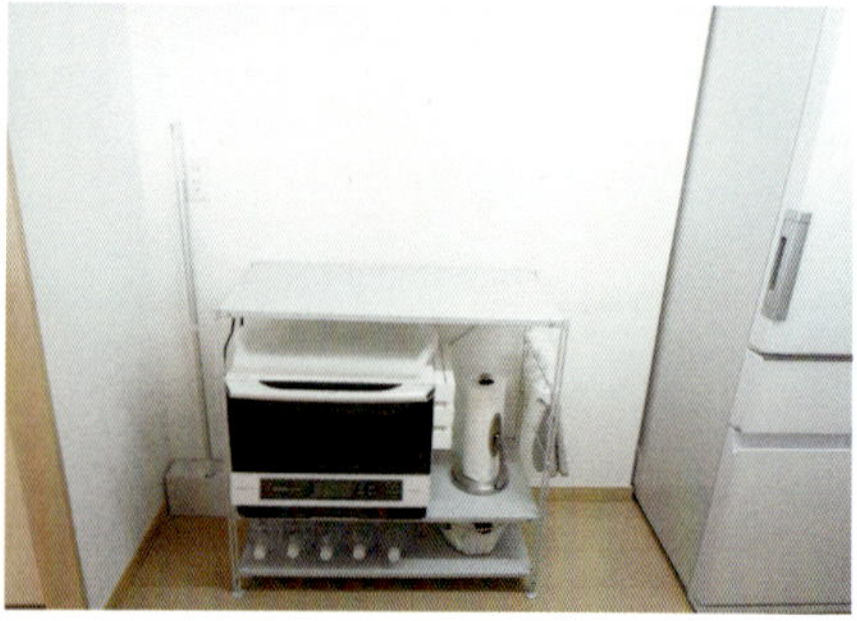

キッチン収納はなるべくカラーレスで

ものが多くなりがちなキッチンは、なるべく色を使わずごちゃごちゃ見えないようにしています。収納の中も白を基本に。週1回交換するスポンジは、すぐ使えるように袋から出して収納しています。ゴミ袋ストッカーには、モップにつけるドライシートなどを収納。キッチンにモップを置いているので、つけ替えがスムーズです。

emiさん（@emiyuto）

茶碗と汁椀はひとまとめに収納

セットで使うことが多いご飯茶碗と汁椀は、ケースにまとめ収納しています。これで棚の中で倒れたりすることもなく省スペース。ごはんの準備のときは、ケースごと作業台に持っていけるので便利です。今まではかごを使っていましたが、壊れたのを機に無印良品のやわらかポリエチレンケースに変更。器とぶつかってキズになることもなさそうだし、ケースも丸洗いできて衛生的なのも気に入っています。

riamo*さん

吊り戸棚の中も美しく見えるように

同じ種類の収納用品を並べることで、扉を開けた状態でもすっきり。無印良品のポリプロピレンファイルボックスです。中身はふきんのストック、保存容器、普段使わない大きな水筒など。扉裏は、吊り下げ式のビニール袋を置く場所に。こうすれば片手でとり出せて便利です。パッケージを裏にして吊るすのが小さなこだわり。

riamo*さん

調味料はボックスごと出し入れします

キッチンには、なるべく何も置きたくありません。特に調味料は出しっぱなしにしておくと、油などが飛んでベタベタになり、掃除する手間が増えます。かといってまとまって収納しないと使い勝手が悪くなってしまいます。無印良品のポリプロピレン収納キャリーボックスへ入れておくと、出し入れが便利。料理が終わるとこのボックスのまま吊り棚へしまっています。調味料は、iwakiのガラス製調味料入れに詰め替えて使用しています。

花田朋亜さん（@tomoa.jp）

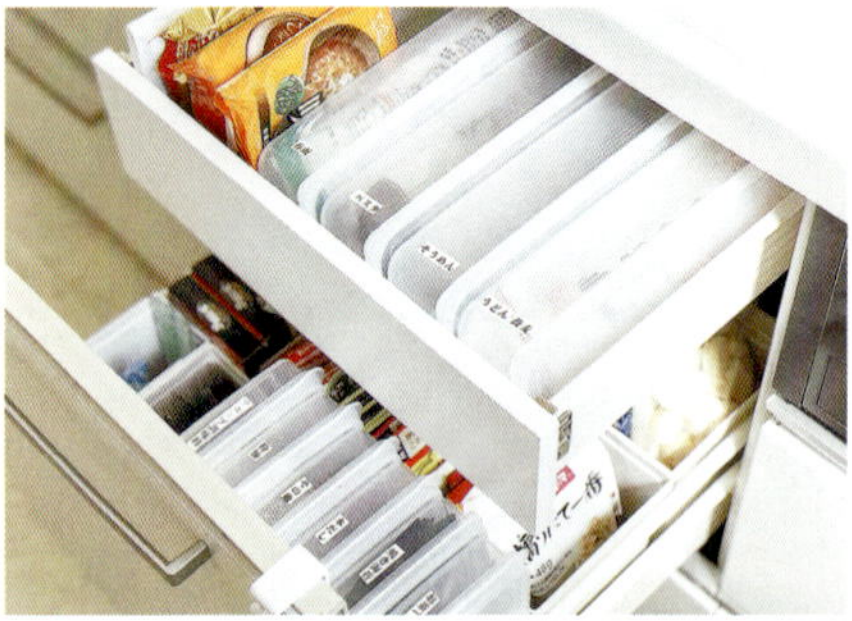

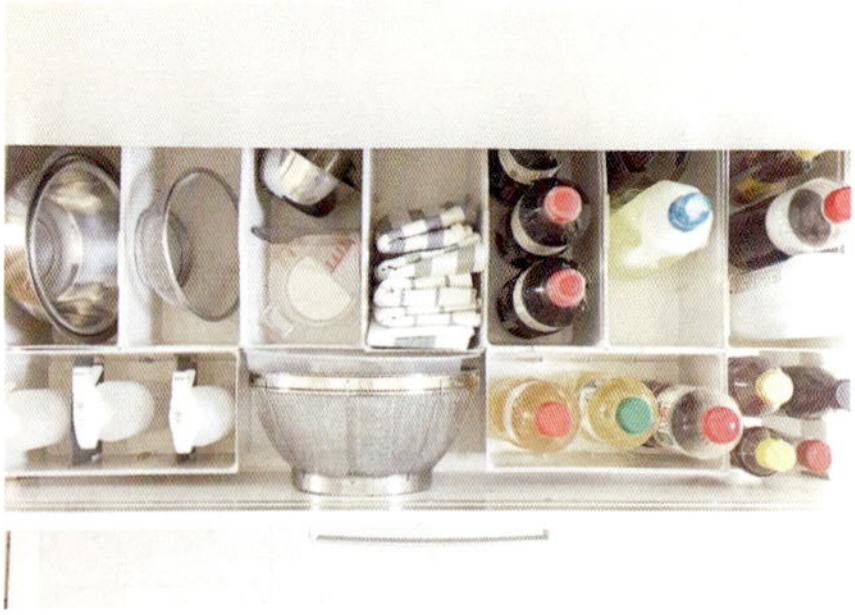

スペース確保のため立て置き収納にしています

シンク下ストックや調味料、キッチン用品、乾物は仕切りを使って立て置き収納にしています。立てることでムダなく収納できるし、狭いスペースを有効活用できます。上からひと目で探しやすく、戻しやすいので作業もはかどります。使いかけになりやすいものは密閉容器を活用。ブックエンドを使って倒れないように工夫しています。

camiu.5さん(@camiu.5)

洗面台収納は入浴時に使うものだけ

脱衣場はとても狭く、収納できる場所は洗面台下の引き出ししかありません。通常はここに日用品や掃除道具、洗剤のストックなどを収納すると思いますが、我が家はそれらを置くとお風呂上がりに使うものが置けないので、ストックはほぼ持ちません。かわりにここにはタオルと家族5人ぶんのインナーを収納しています。タオルは、かさばって乾きにくいバスタオルではなくビッグフェイスタオルを愛用。楽天市場のヒオリエで購入しました。

hinaさん(@hina.home)

丸型から細長いゴミ箱に変えてすっきり

決して広くない我が家の洗面所。収納スペースはありません。洗濯かごやゴミ箱を置くと、なおさら狭くなってしまいます。今までは丸いゴミ箱を使っていたのですが、あるときニトリで細長いゴミ箱を発見。これなら片隅に置いてもあまり邪魔になりません。また、なるべく白いものを選び、広くすっきり見えるよう工夫しています。

riamo*さん

トイレットペーパーは引っかけてすっきり収納

トイレットペーパーストッカーは掃除の手間を考えると床には置きたくないし、とはいえ予備のペーパーも必要。考えた結果、ホルダーをつけることにしました。ポイントはストックしやすく、とり出しやすいこと。IKEAのトイレットペーパーホルダーを3つ、縦に並べてつけています。掃除はマーチソンヒュームのボーイズバスルームクリーナーと、Rinウェットシートケースに入れたトイレ掃除シートを使って。生活感が出るものほど、かっこいいものを選んでいます。

nuts_icubeさん(@nuts_icube)

パントリーに一時置きの郵便ボックスを設置

パントリーのような、使用頻度の低い場所も、ぱっと見のすっきり感を重視して隠す収納に徹しています。そこで便利なアイテムが白いファイルボックスです。書類やストックを入れていますが、うちひとつは、郵便ボックス。届いた郵便物で、とっておく大切な書類、のちのち必要になるものなどの一時置きとして使っています。

ayakoteramotoさん

廊下には何も置かず、死角になる位置にフックを

廊下は気持ちよく通れることがとても大切です。何かを避けたり、ぶつかったりということがないようにします。普段から何も置かないようにしているので、もし置きっ放しになっていたら一目瞭然。でも子どもの収納や使い勝手を考えて、バッグなどをかけるフックを隣室につけることにしました。扉を開けずにさっと置けると、片づけやすいようです。ここはドアを開けっ放しにしても、廊下からは見えない位置。オープン収納は見えにくい位置にすれば見た目もすっきりします。

Kaoriさん(@kaori.y.t)

リビングまでの通り道に
ものの居場所を設定

帰ってくると、バッグや洋服があちらこちらに。そうならないためにも、玄関からリビングのソファに座るまでの通り道に、ものの居場所を作っています。アウターは玄関ホールのランドリーバッグに。大人のバッグはテレビ横のチェスト上に、子どもたちのバッグはランドセルラックへ。3歳の息子も何も言わずやってくれるようになりました。

gomarimomoさん(@gomarimomo)

扉を片側だけはずし、片づけやすさを重視

我が家の靴箱は観音開きです。でも収納している靴の配置のせいか、頻繁に開くのは手前側の片面ばかり。コンパクトな玄関なので、外出の際にベビーカーを三和土に置いた状態で靴箱の扉を手前に開くのが手間でした。なので思いきって扉を撤去。心配していたほど見た目も気にならず、ワンアクションで出し入れできてすっきり。通気性もよくなり、においや湿気がこもらないのもうれしいです。

Kaoriさん(@kaori.y.t)

靴箱はつっぱり棒で省スペース

家族4人ぶんの靴、子どもの買い置き靴などがあふれていた靴箱。そこでまずひとり1段とスペースを決めました。これで各々の手持ちが把握でき、靴の数を絞れるように。100円ショップなどで靴専用ケースを売っていますが、ひとつ100円でそろえていたら高くつくので、1列100円ですむつっぱり棒収納にしています。

maru*さん(@____mr.m____)

靴箱は１足１ケースでゆとり収納

靴はすべてセリアの白いケースに収納しています。見た目がすっきりし、靴の数＝ケースの数なので増えることもありません。新しく買うときは1足処分します。場所が定まっていることで、子どもたちがざっくりしまってもゴチャゴチャして見えなくなりました。またケース収納だと靴をとり出す際に砂がパラパラと落ちてくることもなく、ストレスフリーになりました。我が家では、子ども靴は服よりも持つ基準が厳しめ。かさばるし、サイズアウトしてしまうので、今はこの量をキープです。

靴下はコンパクトになるようたたみます

靴下はかさばらないよう、すっきりコンパクトになるたたみ方を徹底しています。はき口とつま先をかかとあたりまで折り、はき口のゴム部分に、つま先を入れ込むだけ。どの長さの靴下でも同じやり方で、かなり小さくたためて省スペースになります。実は靴下は夫と私で兼用。持つ量が少なくてすむので助かっています。

maru*さん(@____mr.m____)

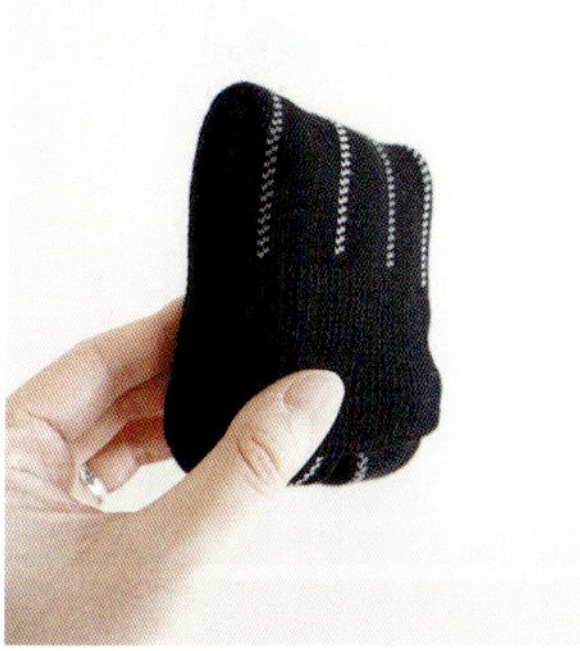

Staff

装丁・本文デザイン _ 高木秀幸(hoop.)

取材・文 _ 佐藤望美

編集アシスタント _ 崎川菜摘(主婦の友社)

編集担当 _ 三橋祐子(主婦の友社)

すっきり暮《く》らすために持《も》たないもの、やめたこと

平成30年4月30日　第1刷発行
平成30年6月20日　第2刷発行

編者	主婦の友社
発行者	矢崎謙三
発行所	株式会社主婦の友社 〒101-8911 東京都千代田区神田駿河台2-9 電話　03-5280-7537(編集) 　　　03-5280-7551(販売)
印刷所	大日本印刷株式会社

ISBN978-4-07-428910-3

■本書の内容に関するお問い合わせ、また、印刷・製本など製造上の不良がございましたら、主婦の友社(☎03-5280-7537)にご連絡ください。
■主婦の友社が発行する書籍・ムックのご注文は、お近くの書店か主婦の友社コールセンター(☎0120-916-892)まで。
＊お問い合わせ受付時間　月～金(祝日を除く) 9:30～17:30
主婦の友社ホームページ　http://www.shufunotomo.co.jp/

＊本書に記載された情報は、本書発売時点のものになります。情報、URL等は予告なく変更される場合があります。
＊本書に掲載されている製品等はすべて私物です。現在入手できないものもあります。また、製品の使用方法も個人の見解になります。各メーカーの推奨する使用方法ではない場合がありますので、同様の方法を実行する際は、各メーカーによる注意事項をご確認の上、自己の責任において行ってください。詳細に関しては正確な記述につとめましたが、内容に関して何らかの保証をするものではありません。